rowohlts monographien
begründet von Kurt Kusenberg
herausgegeben von
Beate Kusenberg und Klaus Schröter

Friedrich Daniel Ernst Schleiermacher

mit Selbstzeugnissen
und Bilddokumenten
dargestellt von
Friedrich Wilhelm Kantzenbach

Rowohlt

Dieser Band wurde eigens für «rowohlts monographien» geschrieben
Den Anhang besorgte der Autor
Herausgeber: Kurt Kusenberg · Redaktion: Beate Möhring
Umschlagentwurf: Werner Rebhuhn
Vorderseite: Friedrich Schleiermacher. Lithographie von Gentili nach
Franz Krüger (Historisches Bildarchiv, Lolo Handke, Bad Berneck)
Rückseite: Die Dreifaltigkeitskirche in Berlin. Anonymer Stich
(Archiv für Kunst und Geschichte, Berlin)

Veröffentlicht im Rowohlt Taschenbuch Verlag GmbH,
Reinbek bei Hamburg, Februar 1967
Copyright © 1967 by Rowohlt Taschenbuch Verlag GmbH,
Reinbek bei Hamburg
Alle Rechte an dieser Ausgabe vorbehalten
Gesetzt aus der Linotype-Aldus-Buchschrift
und der Palatino (D. Stempel AG)
Gesamtherstellung Clausen & Bosse, Leck
Printed in Germany
980-ISBN 3 499 50126 0

25.–27. Tausend Februar 1985

Inhalt

Friedrich Daniel Ernst Schleiermacher

Im Jahre 1799 erschienen Schleiermachers *Reden über die Religion an die Gebildeten unter ihren Verächtern.* Das schmale, schmucklose Bändchen wendet sich mit hohem Schwung, erstaunlicher Beredsamkeit und frischer Angriffslust an die geistige Elite Deutschlands. In seinem bescheidenen Format folgt es äußerlich dem Vorbild der aufklärerischen religiösen Schriftstellerei. Die Orthodoxie des 16. und 17. Jahrhunderts stellte zweifellos einen geistigen Kosmos, voller Ordnung und eigengesetzlicher Harmonie, dar. Leibniz war noch ein Kind dieses Zeitalters. Und doch war es den dickleibigen Werken dieser von der Orthodoxie geprägten Zeit nicht gelungen, die geistige Elite des Volkes zu begeistern und für die Aufnahme ihrer Anliegen zu gewinnen. Mit Christian Thomasius, dem Hallenser Juristen, Philosophen und Journalisten, bahnte sich deutlich der Anfang vom Ende dieses geschlossenen orthodoxen Kirchentums an. Christian Wolffs Schulphilosophie setzte sich noch einmal für das geschlossene philosophische System ein, aber seine Schüler signalisieren mit ihren Programmen und Reformschriften den Anbruch eines bürgerlichen Zeitalters auch in Deutschland. Das Praktische, Nützliche und Einfache steigt im Kurswert. Noch einmal wird in der deutschen Aufklärung der erfolgreiche Versuch unternommen, weite Bevölkerungsschichten vom Ideal einer einheitlichen Welt- und Lebensauffassung zu überzeugen. Die Wahrheit, die eine ist, muß einfach sein. Das ist die Überzeugung der Aufklärer. Im Kampf mit der absterbenden Orthodoxie geht man den Weg der Reduktion. Der Pietismus Speners und Franckes, auch das Denken des Herrnhuters Zinzendorf, hatte in dieser Hinsicht Vorarbeit geleistet. Denkt die Aufklärung bei diesem Reduktionsverfahren reichlich quantitativ, glaubt sie, es könne sich um die Reduktion nach der Seite des Umfangs der «Lehren» hin handeln, so denkt der Pietismus stärker qualitativ.

Friedrich Daniel Ernst Schleiermacher verstand sich, seiner Herkunft entsprechend, als ein Herrnhuter höherer Ordnung. Mit dieser Selbstbezeichnung hat Schleiermacher angedeutet, wie das religiöse Erbe seines Elternhauses und die eigene religiöse Erfahrung in ihm den Bund eingingen mit dem philosophischen Ringen um die Wahrheit. Schleiermacher weiß sich den Philosophen seiner Zeit, Kant, Hegel, Fichte und Schelling, in der Bemühung um die Geheimnisse des Weltbegreifens verbunden. Wie die Dichter und Staatsmänner seiner Zeit, so will und kann sich auch der Theologe und Prediger nicht dem Einfluß der mächtigen Vordenker entziehen. Der Theologe Schleiermacher ist zugleich Philosoph. Der Prediger des Evangeliums betätigt sich als führender Deuter Platons. Durch die unbefangene Verbindung der religiösen Sphäre mit dem weiten Gebiet menschlicher Wissenschaft, Kunst und Weisheit hat sich Schleiermacher in die Mitte aller Bestrebungen seiner Generation gestellt. Darum hat er auch das Gehör seiner Zeitgenossen erreicht. «Er umfaßte das Größte, was seine Zeit bewegte, was die Generation vor ihm vorbereitet hatte. Der ganze Lebensgehalt der voraufgegangenen Epoche erhielt in ihm die Wendung auf das handelnde Leben, auf die Herrschaft der Ideen in der Welt.» (Wilhelm Dilthey) Ein Mann von der Universalität Schleiermachers konnte in seiner Wirkung und Nachwirkung nicht auf die Theologie beschränkt bleiben, wenngleich ihr seine Arbeit in erster Linie galt. Der die Gebildeten seiner Zeit religiös anzusprechen wußte, fand das Ohr seiner Zeitgenossen auch als Kulturphilosoph, Politiker und Pädagoge.

Schleiermachers Familie stammt aus Wildungen in Waldeck und aus Niederhessen. Der Urgroßvater Schleiermachers lebte in Gmünd (Niederhessen). Sein um 1695 geborener Sohn Daniel Schleyermacher, Schleiermachers Großvater, verirrte sich als Theologe zeitweise in das Treiben einer schwärmerischen Gemeinschaft, deren Haupt als Prophet auftrat und in Gemeinschaft mit seiner angeblich hellseherischen Frau das Kommen des neuen Zion und des Messias verkündigte. Der 1741 zum Prediger der Ronsdorfer Kolonie berufene Großvater Schleiermachers argwöhnte drei Jahre später nach dem Tode der Zionsmutter Betrug, verließ 1749 die Sekte und floh 1751 aus Elberfeld vor der ihm drohenden Verfolgung nach Arnheim in Holland, wo er wohnen blieb. Er widerrief seine früheren Irrtümer und übernahm noch das Amt des Ältesten in der dortigen reformierten Gemeinde. Gepredigt hat er nicht mehr. Jung-Stilling hat ihn in seinem Roman «Theobald» als Pastor Darius geschildert. Einige Züge in seiner Personalbeschreibung erinnern an den Enkel: «...mittelmäßig, doch etwas kleiner Positur, eines bleichen Angesichts, blaulicht von Augen, mit einer aufgehoffelten Naß.»

Schleiermachers Vater Gottlieb Adolph Schleyermacher, 1727 in Oberkassel geboren, hatte bei seiner Aufnahme in die Sekte das Gelübde des Stillschweigens ablegen müssen und wäre 1746 mit nur neunzehn Jahren fast zweiter Prediger der Gemeinde geworden. Mit zweiundzwanzig Jahren erlebte er den Bruch seines Vaters mit dem falschen Propheten. Seine Aussagen erscheinen in den Protokollen des Jahres 1751. Kein Wunder, daß der junge Theologe sich der Skepsis zuwandte, aus der ihn erst nach langen Jahren die fleißige Lektüre apologetischer Schriften befreite. Noch mehr trugen die Amtserfahrungen, die er zunächst als Lehrer an einem Magdeburger Waisenhaus und dann als Militärgeistlicher machte, dazu bei, daß sich Schleiermachers Vater mehr und mehr der rechtgläubigen Richtung zuwandte. Seine rationale Denkweise erfuhr eine Milderung durch den Einfluß der Brüdergemeine, deren Diaspora in Schlesien von großer Bedeutung war. 1778 wurde Schleiermachers Vater innerlich zum Herrnhuter, nachdem er die Gemeine von Gnadenfrei kennengelernt hatte. In einem Brief an Johann Kaspar Lavater vom Jahre 1779 gibt er dem Gefühl der Befreiung von langem Irrtum bewegten Ausdruck. Der Prediger, der Schleiermacher für die Herrnhuter gewann, war Heinrich von Bruiningk. Schleiermachers Eltern öffneten sich gemeinsam den von Herrnhut ausgehenden Impulsen, als sie ihren Sohn der Brüdergemeine zur Erziehung anvertrauten. Nachdem der

Breslau: Der Wollmarkt. Im Hintergrund die Elisabethkirche.
Anonymer Kupferstich, Ende des 18. Jahrhunderts

Vater als reformierter Stabsfeldprediger einen Teil des Siebenjährigen
Krieges mitgemacht hatte, ließ sich die Familie in Breslau nieder.

Hier wurde Friedrich Daniel Ernst Schleiermacher am 21. November 1768 in einem Haus der Taschenstraße geboren. Den Rufnamen
wählten die Eltern entsprechend ihrer preußisch-patriotischen Einstellung. Die beiden anderen Namen ehrten den Großvater Daniel Schleyermacher und den Onkel Ernst Stubenrauch. Die Erziehung der Kinder, außer Friedrich Daniel einer um drei Jahre älteren Schwester
Charlotte und eines vier Jahre jüngeren Bruders Karl, lag fast ganz
in den Händen der Mutter. Eine jüngere Schwester Schleiermachers
starb früh. Friedrich Daniel soll von seiner älteren Schwester als

kleines Kind fallen gelassen worden sein. So stellten sich Wachstumsschwierigkeiten ein, und Schleiermacher bekam eine Verkrümmung, die sich in auffallender Hochschultrigkeit bzw. in einer schiefen Schulter (so sein Stiefsohn E. von Willich) bemerkbar machte. Schleiermachers Mutter Maria Catharina war eine geborene Stubenrauch. Ihre Vorfahren waren um des protestantischen Glaubens willen aus Österreich ausgewandert. Ihr Vater wirkte als Hofprediger in Berlin und war mit der Aristokratie der reformierten Prediger in Berlin, besonders mit dem Hofprediger August Fr. Wilhelm Sack (1703–86), dessen Sohn Friedrich Samuel Gottfried Sack (1738 bis 1817) Schleiermachers späterer Vorgesetzter und theologischer Gegner wurde, und mit dem beliebten Prediger und Propst Johann Joachim Spalding (1714–1804), der Schleiermacher trotz anderer Einstellung echtes Wohlwollen bewahrte, eng verbunden. Die Mutter stand Schleiermacher besonders nahe, obgleich sie gegenüber seinen Schwächen keineswegs blind war. Sie erkannte schon früh die besonderen Gaben ihres Kindes. Vom Vierjährigen weiß sie bereits zu berichten: «Er hat das zarteste Herz und einen sehr guten Kopf... Er ist der Kleinste in der ganzen Schule und kommt aus allen Klassen als einer der Obersten heraus.» Der Schüler überzeugte sich selbst schnell von seinem guten Kopf. Der Unterricht in der Friedrichsschule zu Breslau war unmethodisch. Ohne jede grammatische Vorbereitung wurde ein lateinischer Schriftsteller in Angriff genommen. Schleiermacher zeigte eine schnelle Auffassungsgabe und ein gutes Gedächtnis.

Der Bayerische Erbfolgekrieg führte 1778 den Vater wieder ins Feld. Die Familie zog nun nach Pleß und im Sommer 1779 in die reformierte Emigrantenkolonie Anhalt in Oberschlesien, wo der Vater nach seiner Rückkehr neben seinem Dienst als Militärgeistlicher auch die Predigt und Seelsorge übernahm. Er war Mitbegründer der Kolonie, für die er sich unermüdlich einsetzte. Außer den Amtsreisen in die Garnisonen fiel ihm die volle geistliche Betreuung der vierhundert Gemeindeglieder in Anhalt zu. Viermal jährlich hatte er in der reformierten Hof- und Beamtengemeinde Pleß zu predigen und Kommunion zu halten. Zum schlesischen Adel unterhielten Schleiermachers Eltern zahlreiche Verbindungen. Die wirtschaftlichen Verhältnisse im Hause des Pfarrers Schleyermacher waren aber immer angespannt. Es wäre aber falsch, aus einer angeblichen Misere im Elternhaus den Entschluß der Eltern erklären zu wollen, ihre Kinder den Herrnhutern zur Erziehung anzuvertrauen. Für diesen Entschluß sprachen ganz andere Motive. – Die Eltern behielten ihren frühreifen Sohn zunächst absichtlich zu Hause, «weil er für sein Alter schon genug weiß; wir möchten gern, daß sein Herz so gut wäre, als sein Verstand schon Kräfte hat; sein Herz ist schon durch das viele Lob, was man ihm in Breslau wegen seines Verstandes erteilt hat, verderbt, denn er ist dadurch stolz und eitel geworden. Hätten wir ihn in Breslau gelassen, wäre er im 14ten Jahre gewiß zur Universität reif gewesen.» Mit zwölf Jahren kam Schleiermacher auf die Stadtschule in Pleß, wo er endlich planmäßigen Unterricht genoß. In den klassischen Sprachen wurde er von einem tüchtigen Schüler des Leipziger Philologen Ernesti schnell gefördert. Hatte Schleiermacher in Breslau und während der Zeit väterlichen Unterrichts noch wenig Geschmack an den Sprachen gefunden und war er lieber Sachkenntnissen nachgejagt, so wurde dies nun anders. Zugleich regte sich die Fähigkeit zu kritischem Nachdenken und zu geordneter Darstellung. Während dieser Zeit in Pleß hatte er auch schon *eine eigene Qual; sie bestand in einem wunderbaren Skepticismus: Ich geriet nämlich auf den Gedanken, daß alle alten Schriftsteller und mit ihnen die alte Geschichte unterschoben wären. Andere Gründe hatte ich freilich nicht dafür als die, daß ich keine Zeugnisse über die Echtheit wußte und daß mir alles, was ich davon wußte, romanhaft und unzusammenhängend vorkam. Der Ruf eines guten Kopfes, in dem ich noch immer stand und den ich durch die Entdeckung meiner, wie ich glaubte, ganz ausschließlich großen Unwissenheit und Unfähigkeit zerstören wollte, hatte eine Verschlossenheit in mir hervorgebracht, welche Schuld war, daß ich auch diesen sonderbaren Gedanken, der mich sehr quälte, für mich behielt und bloß von dem, was ich mit der Zeit von selbst entdecken würde, die Bestätigung oder Widerlegung desselben abzuwarten beschloß.* (Selbstbiographie von 1794.)

Ganz wird den Eltern das erste kritische Fragen und Suchen ihres Sohnes kaum verborgen geblieben sein. Nach einer gemeinsamen Rei-

Schloß Pleß um 1830

se der Eltern nach Herrnhut, Niesky und Gnadenfrei faßten sie den Entschluß, alle Kinder der Brüdergemeine zur Erziehung zu übergeben. Die Schulen der Brüdergemeine galten als vorbildliche Ausbildungsstätten. Wer auch die gesamte wissenschaftliche Ausbildung bei den Brüdern absolvierte, trat normalerweise als Geistlicher oder Lehrer in den Dienst der Gemeine. Es war nicht zuletzt die Sorge um das Seelenheil ihrer Kinder, die die Eltern zu ihrem Entschluß bestimmte. Friedrich Daniel war mit der Regelung ganz einverstanden. In Gnadenfrei, wo seine Schwester untergebracht worden war, hatte er sich während der ihm auferlegten Probezeit sehr wohl gefühlt. In die Zeit in Gnadenfrei fällt wahrscheinlich ein Spaziergang mit seinem Vater, dem er *die erste Regung des Religiösen* (Brief vom 19. 8. 1802 an Eleonore Grunow) verdankte. Hebt Schleiermacher das nach neunzehn Jahren hervor, so muß das Erlebnis für sein religiöses Leben wohl von großer Wichtigkeit gewesen sein. Für Gnadenfrei behielt Schleiermacher stets eine besondere Neigung. Gern ging er im Frühjahr 1783 mit seinem jüngeren Bruder Karl ins Pädagogium Niesky, nördlich von Görlitz in fruchtbarem Flachland gelegen. Das Pädagogium war nur für die künftigen Theologen der Brüdergemeine vorgesehen, eine Art Studienkloster, «das seine Schüler zum dauernden Austritt aus der Welt in die Brüdergemeine, den Sonderstaat

Platz in Gnadenfrei mit dem Bethaus im Hintergrund.
Aquarell von Theophilus Christlieb Reichel

des Heilands, willig machen sollte» (E. R. Meyer). Leiter der Gemeinde war Ernst Wilhelm von Wobeser, der wohl Schleiermacher in die Gemeinde aufnahm. Alle seine Lehrer, der Inspektor und der Direktor waren Geistliche und verstanden sich als geistliche Freunde und Seelsorger. Seinen Lehrern Theodor Christian Zembsch und Anton Benjamin Hilmer hat Schleiermacher ein freundliches Gedächtnis bewahrt. Hilmer habe, so erkennt er dankbar an, bei einem immer leidenden Körper einen wahrhaft philosophischen Geist, ein vorzügliches pädagogisches Talent und einen nicht zu ermüdenden Fleiß zum Besten seiner Schüler besessen. Aber er kam, wenngleich er in den Briefen an die Schwester ganz den in der Brüdergemeine üblichen Ton anschlägt, doch als einer, der schon mancherlei religiöse Kämpfe bestanden hatte. *Die Lehre von den unendlichen Strafen und Belohnungen hatte schon meine kindische Phantasie auf eine äußerst beängstigende Art beschäftigt, und in meinem elften Jahre kostete es mich mehrere schlaflose Nächte, daß ich bei der Berechnung des Verhältnisses zwischen den Leiden Christi und der Strafe, deren Stel-*

le dieselben vertreten sollen, kein beruhigendes Facit bekommen konnte. Jetzt ging ein neuer Kampf an, der durch die Art, wie die Lehre von dem natürlichen Verderben und den übernatürlichen Gnadenwirkungen in der Brüdergemeine behandelt und fast in jeden Vortrag verwebt wird, veranlaßt wurde und fast so lange gedauert hat, als ich ein Mitglied derselben gewesen bin. Meine eigene Erfahrung gab mir zu den ersten dieser beiden Hauptstützen des ascetisch-mystischen Systems Belege genug und ich kam dahin, daß mir jede gute Handlung als verdächtig oder als ein bloßes Werk der Umstände erschien. So war ich also in dem qualvollen Zustande, den man unseren Reformanten so häufig als ihr Werk vorwirft: es war

Niesky: Das Pädagogium. Anonyme Bleistiftzeichnung,
Mitte 19. Jahrhundert

Anton Benjamin Hilmer

Theodor Christian Zembsch

mir etwas genommen, meine Überzeugung von dem eigenen moralischen Vermögen des Menschen, und noch nichts zum Ersatze gegeben. Denn vergeblich rang ich nach den übernatürlichen Gefühlen, von deren Notwendigkeit mich jeder Blick auf mich selbst mit Hinsicht auf die Lehre von dem künftigen Vergeltungs-Zustande überzeugte, von deren Wirklichkeit a u ß e r m i r mich jeder Vortrag und jeder Gesang, ja jeder Anblick dieser bei einer solchen Stimmung so einnehmenden Menschen überredete und die nur v o n m i r zu fliehen schienen. Denn wenn ich auch einen Schatten davon erhascht zu haben glaubte, so zeigte es sich doch bald als mein eigenes Werk, als eine unfruchtbare Anstrengung meiner Phantasie. Vergeblich bestrebte sich meine vortreffliche Mutter, richtigere Begriffe von jenen beiden Lehrsätzen mit dem, was ich in der Gemeinde davon hörte, zu vereinigen und mein Herz zu beruhigen. Daß ich bei diesem Zustande eine unerschütterliche Anhänglichkeit an die Brüdergemeine bekam und es für ein großes Unglück angesehen hätte kein Mitglied derselben zu werden, ist sehr natürlich; ich faßte sogar den Entschluß, wenn mir der Eintritt in das Pädagogium versagt werden sollte, lieber in der Gemeinde

eine ehrbare Handtierung zu erlernen, als außer derselben den Weg zu
dem gelehrten Ruhm zu betreten, für den mich mein Lehrer in Pleß so
zu enthusiasmieren gewußt hatte, und dieser Entschluß setzte mich,
als ich ihn recht lebhaft in seiner ganzen Größe dachte, zum ersten
Mal in Versuchung, etwas von mir für eine übernatürliche Wirkung
zu halten.

Die Briefe der Mutter, die ihren Sohn auf die Gnade des Erlösers
wiesen, haben Schleiermacher das Einleben in der Herrnhuter Frömmigkeit erleichtert.

Sie schreibt ihm am 21. Januar 1782: «Es freut mich, mein lieber
Sohn, aus Deinem Briefe zu sehen, daß unsre Morgenstunden nicht
ganz ohne Nutzen für Dich gewesen sind. Erinnere Dich des Guten
oft, so Du da gehört, so wirst Du immer neuen Segen daraus schöp-
fen. Du schreibst, mein lieber Sohn, Du empfändest es recht, daß
die Liebe Jesu Christi noch nicht in Deiner Seele wohne, daß Du ein
Sünder und noch nicht von Jesu begnadigt seiest, und wünschest unseren Rat, wie Du zu diesem liebevollen Geist Jesu gelangen mögest. Ach! wenn Du dieses Bedürfnis fühlst und ein Verlangen da-
nach hast, ihn zu besitzen, o, so bitte doch nur Ihn, unsern teuren
Heiland und treuen Helfer, ganz einfältig um seinen Geist, um seinen Beistand; Er ruft uns ja alle zu sich, die wir Seelenbedürfnisse
haben, und verspricht ja, daß alles, was wir in seinem Namen bitten, sollen wir empfangen; nur hüte Dich, mein Kind, daß Du mit
Deiner Verbesserung nicht willst den Anfang machen; denn durch
eigene Kraft können wir nichts tun, sondern eile mit Deiner Leere,
mit Deinem Gefühl der Sünde, mit Deinem ganzen Bedürfnis und
Verlangen zu Jesu, dem Sohne Gottes, um aus seiner Fülle zu nehmen Gnade, ja eine Gnade um die andere. Ach, es wird gewiß über
Deinem Kommen Freude im Himmel sein, und welches Glück, welche Seligkeit für Dich, von Deiner Jugend an in der Gemeinschaft
unseres Erlösers zu sein, durch seine Kraft alle Hindernisse zur Voll-
kommnung, die uns hier auf so mancherlei Weise vorkommen, zu
überwinden und sein Bild in uns wiederherzustellen.»

Die Eltern waren sich einig in dem Wunsch, den Sohn im Geiste der Herrnhuter heranreifen zu sehen. Zu schmerzlich waren die
Erfahrungen des Vaters gewesen, als daß er seinem Sohn ein ebenso langes, schmerzliches religiöses Ringen zumuten wollte. Beim
Sohn schien das Erziehungsprogramm der Herrnhuter zu fruchten.
Von den schweren Erfahrungen seines Vaters wird er damals schwerlich etwas gewußt haben, zumal der Vater es vermied, über seine
frühen Jahre zu sprechen.

Seiner Schwester schreibt der junge Herrnhuter: *Wären wir ihm*
nur ganz zur Freude, ständen wir immer in einem ganz ungestör-

ten Umgang mit ihm, könnte uns nichts auch nicht einen Augenblick von ihm abbringen. Der Tod der Mutter gegen Ende des Jahres 1783 bestärkte ihn noch darin, die Führung des Heilands und das «Gnadenlos» in der Gemeine zu bejahen. Die zahlreichen Kameradschaften und die innige Freundschaft mit dem Mitschüler J. Baptista von Albertini (1769–1831), einem späteren Bischof der Brüdergemeine, und die gemeinsame Lektüre der griechischen Klassiker und des hebräischen Alten Testaments – nur mit der Hilfe von Lexikon und Grammatik – bestimmten die Tage bis zum 22. September 1785, als Schleiermacher in das Seminar der Brüdergemeine in Barby eintrat. Noch Jahre nach seinem Abgang von Niesky wurde dort des Freundespaares Schleiermacher–Albertini als Orest und Pylades gedacht. Neben dem Eifer für die sprachlichen Studien entwickelte sich schon in Niesky Schleiermachers Sinn für die Naturwissenschaften und für die Mathematik. Seine religiöse Entwicklung ist während dieser Zeit noch ganz von der Gefühlsfrömmigkeit der Herrnhuter abhängig. Gemeinsam mit Albertini jagte er nach den übernatürlichen Gefühlen und dem Umgang mit Jesus. Was sie erlebten, erlebten sie als Realitäten. Alle Gottesdienste besuchten sie mit gläubigem Sinn und versetzten sich in die jeweilige Stimmung. Die Krisis in seiner religiösen Entwicklung fällt in die Zeit in Barby. Niesky war eine aufs ganze durchaus harmonische Periode in Schleiermachers Jugendentwicklung.

Das Seminar in Barby, etwa 60 Kilometer nördlich von Halle an der Elbe gelegen, war die Fakultät der Brüdergemeine und diente der Vorbereitung für ihre Theologen. Das Seminar sollte ein Verein schon Bekehrter sein, so daß bei Beurteilungen immer das Religiöse den Vorrang hatte. Die Hausordnungen «atmen den Geist strengster pietistischer Bevormundung» (E. R. Meyer). Die Aufseher waren stets auf den Stuben gegenwärtig und waren gehalten, alle Beobachtungen den geistlichen Zensoren mitzuteilen. Täglich fanden Gottesdienste statt, die Dozenten übten persönliche Seelsorge. Die Schüler übertraten natürlich die Ordnungen, sie badeten sogar in der Elbe, liefen Schlittschuh und besorgten sich aus Zerbst verbotene Bücher. Bei den Vorlesungen überwogen die philosophischen. Der wie Schleiermacher durch die Erziehung in Barby gegangene Philosoph Fries charakterisiert Art und Umfang der Studien folgendermaßen: «Binnen drei Jahren ging ich das ganze theologische Studium durch, so weit man es von uns verlangte. Dabei kam freilich keine große philologische Kunst der Exegese zur Anwendung, und die praktischen Disziplinen fehlten ganz. Daneben aber lernten wir die Elemente der angewandten Mathematik und Physik nebst etwas Chemie, wurden in der Geschichte weiter geführt und erhielten besonders eine

Johann Baptista von Albertini.
Lithographie von Hauer

Barby: Blick vom Hauptportal
des Schlosses auf den Schloßhof
und das Seminargebäude, in dem
sich das Pädagogium befand.
Aquarell von Johannes Plitt,
um 1800

sehr belebte Anleitung zur enzy-
klopädischen Kenntnis aller Wissenschaften.» Schleiermacher trat
guten Willens in Barby ein. Inspektor des Seminars, theologischer Lehrer und zugleich Schloß-
prediger war Christian August
Baumeister. Neben ihm lehrten
Joh. Jak. Bossart (Philosophie und
Geschichte) und Joh. Gottfried
Cunow (Mathematik und Naturwissenschaften). Für die Seelsorge an den Seminaristen war
in besonderer Weise der Chor-
helfer Thomas Moore, ein Engländer, zuständig. Die ersten
Nöte machte Scheiermacher
die Frage der Wahl seines Le-
bensberufes. Er erkannte, daß
die Lehrer am Seminar keine

Christian August Baumeister.
Kupferstich von Gottschick
nach einer Zeichnung von
F. Jeanneret

Thomas Moore

wirklichen Gelehrten waren,
sondern Lehrer auf Zeit, die
dann wieder in den Gemein-
dedienst gingen. Wissen-
schaftler also konnte er im
Dienst der Gemeine nicht
werden! Das war eine schmerz-
liche Erkenntnis für ihn. Zum
geistlichen Amt schien ihm
auch alles zu fehlen. Aber
vor allem ist es die Struktur
des Seminars, an der er sich
stößt. Mit fünf Freunden gehörte er zu einem engeren
Klub, in dem sein philosophischer Sinn mächtig geweckt
wurde.

Er sträubte sich mit seinen

Vertrauten innerlich gegen den Studienbetrieb. Die jungen Leute sollten nach veralteten Kollegheften lernen und wurden von der neuesten Literatur ängstlich ferngehalten. Kants Schriften begannen zu wirken, aber die Lehrer wußten nichts Besseres zu tun, als die Schüler vor Neuerungen auf dem philosophisch-wissenschaftlichen Gebiet zu warnen. Die Studenten suchten an die Jenaer Literaturzeitung heranzukommen, wo über Kant berichtet wurde, sie lasen heimlich Wielands Gedichte, Goethes «Werther» und zeitgenössische sentimentale Romane. Zu einer Ordnung ihrer Eindrücke konnten sie, von ihren Lehrern allein gelassen, nicht gelangen. Die strenge Aufsicht im Seminar und dazu die wissenschaftliche Unzulänglichkeit der Lehrer weckten allgemeine Unzufriedenheit und Zweifel. Man dachte sogar an Flucht. Ein älterer Freund Beyer schied aus dem Seminar aus und ging zum Studium nach Jena, der ihm schon in Niesky befreundete Engländer Okely wurde zum Austritt genötigt, da er offen bekannt hatte, gänzlich ungläubig zu sein. Wenig später ertrank er in der Nordsee. Sein Tod erschütterte die damals schon zersprengten Freunde tief. Schleiermacher fühlte sich vereinsamt. Das Bekenntnis Okelys legte den Lehrern den Verdacht nahe, auch er sei von Zweifeln zum krassen Unglauben gekommen. Aussprachen mit den Lehrern halfen nicht weiter. Er wandte sich in seiner Not an seinen Vater und ließ durchblicken, daß das Verfahren des Seminars bei manchen den Verdacht errege, *als müßten viele Einwürfe der Neuern wohl sehr acceptabel und schwer zu widerlegen sein, weil man sich fürchte, sie uns vorzulegen.* Er selbst fügt, der mutmaßlichen Reaktion seines Vaters gewärtig, vorsichtig hinzu: *So denke ich aber nicht, und überhaupt macht dies kleine Mißvergnügen für jetzt noch keine große Störung in meiner Ruhe und Sie sind der einzige, mit dem ich davon geredet habe.* Der Vater rühmte ihm daraufhin den Glauben als «ein Regale der Gottheit und ein pur lauteres Werk ihres Erbarmens».

Aber die Zweifel hatten sich im Sohn schon zu sehr festgesetzt, als daß sie sich so einfach hätten beschwichtigen lassen. Peinliche Verhöre erschwerten noch seine Lage im Seminar. Für die vernünftigen Argumente hatten die Lehrer keinen Sinn, denn für sie war der Glaube ja allein Sache des Herzens und Gefühls. Dem Vater schreibt er am 21. Januar 1787: *Sie glaubten mich durch Ihre Antwort beruhigt, und ich schwieg unverantwortlicher Weise sechs ganze Monate, weil ich es nicht über's Herz bringen konnte, Sie aus diesem Irrtum zu reißen. Der Glaube ist ein Regale der Gottheit, schrieben Sie mir. Ach, bester Vater, wenn Sie glauben, daß ohne diesen Glauben keine, wenigstens nicht die Seligkeit in jenem, nicht die Ruhe in diesem Leben ist, als bei demselben, und das glauben Sie ja, o,*

Jugendbildnis Schleiermachers (?). Daß die anonyme Zeichnung ihn wirklich darstellt, geht lediglich auf eine mündliche Überlieferung zurück

so bitten Sie Gott, daß er mir ihn schenke, denn für mich ist er jetzt verloren. Ich kann nicht glauben, daß der ewiger wahrer Gott war, der sich selbst nur den Menschensohn nannte, ich kann nicht glauben, daß sein Tod eine stellvertretende Versöhnung war, weil er es selbst nie ausdrücklich gesagt hat, und weil ich nicht glauben kann, daß sie nötig gewesen; denn Gott kann die Menschen, die er offenbar nicht zur Vollkommenheit, sondern nur zum Streben nach derselben geschaffen hat, unmöglich darum ewig strafen wollen, weil sie nicht vollkommen geworden sind. Ach, bester Vater, der tiefe durchdringende Schmerz, den ich beim Schreiben dieses Briefes empfinde, hindert mich, Ihnen die Geschichte meiner Seele in Absicht auf meine Meinungen und alle meine starken Gründe für dieselben umständlich zu erzählen, aber ich bitte Sie inständig, halten Sie sie nicht für vorübergehende, nicht tief gewurzelte Gedanken; fast ein Jahr lang haften sie bei mir und ein langes, angestrengtes Nachdenken hat mich dazu bestimmt. Ich bitte Sie, enthalten Sie mir Ihre stärksten Gründe zur Widerlegung derselben nicht vor, aber aufrichtig zu gestehen, glaube ich nicht, daß Sie mich j e t z t überzeugen werden, denn ich stehe fest darauf. Obgleich der Sohn den Glauben des Vaters an den Christusgott der Herrnhuter nicht mehr teilt und sich eine Tätigkeit als Pfarrer darum ehrlicherweise nicht mehr vorstellen kann, bittet er den Vater doch um die Erlaubnis, das Studium in Halle fortsetzen zu dürfen. Am liebsten wäre ihm trotz seiner Zweifel das Studium der Theologie, *weil ich am meisten dazu vorbereitet wäre und meine Neigung doch dahin geht.* Aber da der Vater gewiß nicht dem Vaterland noch einen heterodoxen Lehrer mehr geben wolle, solle ihm die Entscheidung über das Studienfach ganz überlassen bleiben. Schleiermacher scheint gespürt zu haben, daß er von der Theologie nicht loskommen werde. Noch konnte er seinen Übergang von der Frömmigkeit der Herrnhuter zur Kritik der Aufklärung am orthodoxen Lehrbegriff nicht als notwendige Stufe seiner geistigen Entwicklung begreifen. In der Rückschau auf seine Jugend hat er die Zeit seines Herrnhutertums als einen notwendigen Durchgangspunkt seiner Entwicklung angesehen. Bei den Herrnhutern haben sich ihm zweifellos wichtige Wesenszüge der Religion eingeprägt. Er erkannte schon damals die das ganze Leben durchdringende und alles beherrschende Kraft der Religion und ihre übermoralische Eigenart. In Herrnhut ging ihm der Wert und Reichtum der religiösen Individualitäten auf und zwar im Zusammenhang der religiösen Gemeinschaft. Die Virtuosität der Freundschaft hat er ebenso wie die konfessionelle Toleranz in Herrnhut kennengelernt. 1802 hat er bekannt: *Es gibt keinen Ort, der so wie dieser* (die Brüdergemeine) *die lebendige Erinnerung an den ganzen Gang meines Gei-*

stes begünstigte, von dem ersten Erwachen des Besseren an bis auf den Punkt, wo ich jetzt stehe. Hier ging zuerst das Bewußtsein auf von dem Verhältnis des Menschen zu einer höheren Welt, freilich in einer kleinen Gestalt ... Hier entwickelte sich zuerst die mystische Anlage, die mir so wesentlich ist und mich unter allen Stürmen des Skeptizismus gerettet und erhalten hat. Damals keimte sie auf, jetzt ist sie ausgebildet, und ich kann sagen, daß ich nach allem wieder ein Herrnhuter geworden bin, nur von einer höheren Ordnung.

Auch der Vater konnte nicht wissen, daß sein Sohn einst für die Sache eintreten werde, die er jetzt von ihm so schnöde verraten sah. Er redete den Sohn in Anlehnung an das Strafwort des Paulus gegen die verirrten Galater an: «O, Du unverständiger Sohn, wer hat Dich bezaubert, daß Du der Wahrheit nicht gehorchest? welchem Christus Jesus vor die Augen gemalet war, und nun von Dir gekreuzigt wird.» Es war das im Tiefsten nicht Ausdruck eines Konflikts zweier Männer, sondern zweier Generationen. Vater und Sohn haben unter den persönlichen Begleitumständen der Auseinandersetzung schwer gelitten. So bestimmt Schleiermacher sein Bekenntnis zur erkannten Wahrheit abgelegt hat, so rührend war er nun darum bemüht, den Vater seine Liebe und Ehrerbietung fühlen zu lassen. Zu jeder Entbehrung in Halle erklärt er sich bereit. Er wolle keinen Kaffee trinken und abends wenig essen. Tief betrübt ihn die Vorstellung, der Vater könne ihn als gottlos ansehen. Der Zweifel an der kirchlichen Versöhnungslehre habe ihn keineswegs zum *Verleugner Gottes* gemacht. *Ist es nicht e i n Gott, der Sie und mich erschaffen hat und erhält, und den wir beide verehren? Warum können wir nicht mehr an einem Altar niederknien und zu unserm gemeinschaftlichen Vater beten?* Hier wird deutlich, daß Schleiermacher keineswegs der religiösen Welt den Rücken kehrt. Er bejaht die Frömmigkeit. So konnte er in den *Reden* von sich bezeugen: *Frömmigkeit war der mütterliche Leib, in dessen heiligem Dunkel mein junges Leben genährt und auf die ihm noch verschlossene Welt vorbereitet wurde* (das Elternhaus), *in ihr atmete mein Geist, ehe er noch sein eigentümliches Gebiet in Wissenschaft und Lebenserfahrung gefunden hatte* (Niesky); *sie half mir, als ich anfing den väterlichen Glauben zu sichten und Gedanken und Gefühle zu reinigen von dem Schutte der Vorwelt* (Barby) ...

Der Vater stimmte der Fortfüh-
rung des Studiums in Halle zu. Er
hatte sogar nichts dagegen, wenn
der Sohn sich auch noch weiter-
hin mit der Theologie beschäftigte. Vielleicht hoffte er doch
auf seine Bekehrung. Das Bild
von Schleiermachers Vater ist oft
verzeichnet worden. Bei aller Enttäuschung über den Bruch des
Sohnes mit Herrnhut hat er
durchaus, selbst ein Mann von
weiten literarischen Interessen,
Verständnis für die wissenschaftliche Leidenschaft des Sohnes gehabt. Der Onkel, Professor Ernst
Stubenrauch, bahnte seinem Nef-

Johann Salomo Semler

fen den Weg nach Halle und nahm ihn in seinem Hause auf. Freundlich lud er ihn ein: «Das für Sie bestimmte Stübchen ist klein, freilich sehr klein; vielleicht aber gefällt es Ihnen doch in Betracht, daß
Sie so ganz nahe bei Ihren nächsten Verwandten sind.» Stubenrauch
vermittelte auch zwischen Vater und Sohn. Der Onkel, der damals als
außerordentlicher Professor für reformierte Theologie in Halle wirkte, sollte während der nächsten Jahre, bis in die Berliner Zeit hinein,
Schleiermachers selbstloser Berater werden. Als ernster, besonnener
Aufklärungstheologe verstand er die Nöte seines Neffen. Er ließ ihm
volle Freiheit in der Gestaltung seines Studiums. Schleiermacher legte
es nicht auf die Sammlung von Examensstoff an, sondern er bemühte sich zielstrebig um eine einheitliche Weltanschauung.

Ein Jahr vor Schleiermachers Beginn in Halle hatte die Universität ihre höchste Frequenz erreicht (1786). Von 1156 Studenten stu-
dierten 800 Theologie. Seit 1751 wirkte der scharfsinnige Johann
Salomo Semler (1725–91) in Halle. Er veröffentlichte hier seine bahn-
brechenden Arbeiten zur Kanons- und Dogmengeschichte. Zwischen
der öffentlich gültigen Volksreligion und der privaten Herzensreli-
gion unterschied er scharf. Die Geschichte des Christentums verstand
er als die immer neue subjektive und darum relative Einkleidung
des ewig gültigen moralischen Guts, das Christus in seinem Leben
und Handeln in besonderer Weise der Menschheit sichtbar gemacht
habe. Zu Schleiermachers Zeit gab sich Semler mit alchimistischen
Versuchen ab und lag in Fehde mit dem berüchtigten Rationalisten

Karl Friedrich Bahrdt (1741–92), der 1779 in Halle Dozent geworden war. Während der achtziger Jahre vertrat Bahrdt in bänderreichen Werken die phantasievolle These, Jesus sei Naturalist und Stifter eines geheimen Ordens gewesen. Semler bekämpfte energisch Bahrdts frivole Auflösung der öffentlichen Verkündigung und Sitte. Schleiermacher hat zu diesen beiden Männern ebensowenig wie zu den Theologen Knapp, J. A. Nösselt und A. H. Niemeyer ein näheres Verhältnis gewonnen. Während Knapp, ein Ratgeber der Franckeschen Anstalten, zum Pietismus neigte, waren die übrigen Hallenser Theologen von der Aufklärung in Form der Neologie bestimmt. Sie suchten zwischen der Vernunfterkenntnis und dem übernatürlichen Anspruch der Offenbarung zu vermitteln. Niemeyer trat als Pädagoge hervor und zeigte in seinen Schriften auch echtes ästhetisches Empfinden. Schleiermacher wird bei seinen theologischen Lehrern das Eingehen auf die philosophischen Probleme der Zeit vermißt haben. So hörte er nur wenig theologische Vorlesungen. Mehr zogen ihn die Vorträge des Philosophen Johann August Eberhard, eines Wolfianers und scharfen Gegners Kants, über Platon und Aristoteles an. Eberhard war ursprünglich Theologe. Durch seine «Neue Apologie des Socrates oder Untersuchung der Lehre von der Seligkeit der Heiden», 1772, hatte er sich einen Namen gemacht. Seit 1778 wirkte er als Professor der Philosophie in Halle. Eberhards kritische, wenn auch oberflächliche Auseinandersetzung mit Kant führte Schleiermacher zu eigener Beschäftigung mit dem Königsberger Philosophen. Vielleicht fällt schon in diese Zeit eine unvollendet gebliebene Abhandlung über das höchste Gut. Am meisten Anregung verdankte der bis in die tiefe Nacht studierende Schleiermacher aber dem Philologen Friedrich August Wolf (1759–1824). Unter der Anleitung dieses mit Goethe und Wilhelm von Humboldt befreundeten Wegbereiters des Neuhumanismus las sich Schleiermacher in die griechischen Klassiker ein. Wolfs Erziehung zum Selbstdenken entsprach ganz der Veranlagung seines wohl begabtesten Schülers.

Für geselligen Austausch sorgte vor allem die Freundschaft mit dem alten Freund aus der Zeit in Barby, dem aus Schweden und aus guter Familie stammenden Karl Gustav von Brinkmann. Dieser bewegte sich gewandt in der Hallenser Gesellschaft. Vier Jahre älter als Schleiermacher, war er eine elegante Erscheinung, die auf die Töchter seiner Lehrer Eindruck machte. Auch dichterisch trat er hervor (Gedichte von Selmar, Leipzig 1789). Schleiermacher hielt von den dichterischen Qualitäten des Freundes wohl nicht sehr viel und beobachtete amüsiert des Freundes schnelle Entflammbarkeit für das weibliche Geschlecht. *Er brennt ewig in unschädlichen Flammen, glättet an glatten Versen.* Immerhin fand er sich zu allerlei Dienstleistun-

Friedrich August Wolf. Anonymer Kupferstich

gen für den Freund bereit. Dieser wollte damals noch Geistlicher werden, wählte dann aber lieber die diplomatische Laufbahn. Die Freundschaft zwischen den beiden ungleichen Exherrnhutern reifte zu einer lebenslangen, herzlichen Verbindung. Bis zum Jahre 1822 reicht der Briefwechsel der Freunde. Noch wenige Monate vor seinem Tode hat Schleiermacher Brinkmann in Schweden besucht.

Brinkmann berichtet er auch von seinem Ergehen in Drossen, einem kleinen märkischen Landstädtchen bei Frankfurt an der Oder, wo der Onkel Stubenrauch Pfarrer geworden war und am 26. Mai 1789 den Neffen zur Vorbereitung auf das Kandidatenexamen aufgenommen hatte. *Von meinem Tun wäre blutwenig zu sagen; ich vegetiere mehr als ich lerne, und verlerne mehr als ich studiere. S t u - d i e r' ich ja etwas, so ist's theologischer Wust, mit dem ich mich wieder bekannt mache, weil ich mich, geliebt's Gott, in Berlin examinieren lassen will, – eine ekelhafte Bekanntschaft; und doch kommt viel darauf an; denn es fehlt nur noch, daß dieses Examen unglücklich abläuft, so seh' ich mich genötigt, mich (weil es doch nicht erlaubt*

Drossen: Rathaus mit Jakobikirche

ist auszugeh'n) bei dem ersten besten Bärenführer, der durch Drossen kommt, als Dudelsackpfeifer zu engagieren; denn meine Lunge ist noch erträglich. Eine lustige Affaire! das S c h r e i b e n hab' ich völlig für dieses Leben aufgegeben, weil ich so gewiß als von meiner eignen leider sehr unnützen Existenz davon überzeugt bin, daß in diesem Stück niemals etwas aus mir werden kann. Es ist also nur noch ein Stück meines Zustandes übrig, wovon Dir Nachricht zu geben wäre, nämlich mein D e n k e n. Dies geht gegenwärtig darauf, mir einen für mich sehr schweren Teil der praktischen Weisheit zu eigen zu machen, von dem Gott gebe, daß Du ihn noch lange nicht brauchen mögest. Mir aber zeigt meine Kränklichkeit an Leib und Seele und alle Umstände nur zu deutlich, daß ich bald in dem Fall sein werde diese Kunst anzuwenden, – es ist die Kunst gelassen und weise zu sterben. Du weißt, daß ich den Freund Hain niemals gesucht habe, daß ich desto mehr am Gegenwärtigen hänge, je weniger ich von der Zukunft zu wissen glaube, und Du kannst daraus schließen, daß es für mich ein ziemlich schweres Kapitel ist, ihm so ohne alle Emotion unter die Augen zu sehn. Es kommt darauf an sich zu überreden, daß man nichts verliert, was der Mühe wert ist, *es mag nun Alles aus sein oder nicht. In dem letzten Fall scheint sich's sehr gut zu sterben, das himmlische Paradies mag nun liegen wo es will; – aber wie nun, wenn man bis zum jüngsten Tag schlafen müßte? Ein fataler Umstand! Dem Hamlet im Monolog war das Träumen das, was ihn schreckte, mir wär' es in diesem Fall der einzige Trost; nicht gerechnet, daß bisweilen das Träumen besser, angenehmer, sogar regelmäßiger ist als das Wachen, so sind doch Träume immer Vorstellungen, und Vorstellungen sind nun einmal das, worein ich mich verliebt habe.* (9.12.1789)

So krank und sterbensbereit war Schleiermacher nun doch nicht, daß er nicht hätte studieren können. Er las nicht nur zeitgenössische theologische Schriftsteller wie Sack, Töllner, Michaelis und Leß, sondern studierte vor allem Kants Schriften, die moralischen und metaphysischen Schriften von Aristoteles, Arbeiten seines Lehrers F. A. Wolf, auch Xenophon und Untersuchungen zur griechischen Geschichte. In Verbindung mit den Arbeiten an einer Übersetzung der nikomachischen Ethik des Aristoteles vollendete er einen Aufsatz über die aristotelische Gerechtigkeitstheorie, den er schon in Halle konzipiert hatte und nun Professor Eberhard zur Prüfung zusandte. Von Kant angeregt, entwarf er Gespräche über die Freiheit; *Kritische Briefe* sollten sich mit anderen philosophischen Themen beschäftigen. Ausgeführt hat Schleiermacher diese Pläne nicht. Er hielt sich noch nicht reif zu einem Auftritt in der literarischen Öffentlichkeit. Aber schon der Zweiundzwanzigjährige sucht aus der Beobachtung des Lebens mit seinem reichen Inhalt den Maßstab für die Objektivität des in abstrakter Betrachtung Errungenen. Von aller Systemsucht fühlt er sich frei. Dem Vater schreibt er: *Ich glaube nicht, daß ich es jemals bis zu einem völlig ausgebildeten System bringen werde, so daß ich alle Fragen, die man aufwerfen kann, entscheidend und im Zusammenhang mit aller meiner übrigen Erkenntnis würde beantworten können; aber ich habe von jeher geglaubt, daß das Prüfen und Untersuchen, das geduldige Abhören aller Zeugen, aller Parteien, das einzige Mittel sei, endlich zu einem hinlänglichen Gebiet von Gewißheit, und vor allen Dingen zu einer festen Grenze zwischen dem zu gelangen, worüber man notwendig Partei nehmen und sich und einem jeden andern Rede und Antwort muß stehen können, und zwischen dem, was man ohne Nachteil seiner Ruhe und Glückseligkeit unentschieden lassen kann. So sehe ich den Kampfspielen philosophischer und theologischer Athleten ruhig zu, ohne mich für irgend einen zu erklären, oder meine Freiheit zum Preis einer Wette für irgend einen zu setzen, aber es kann nicht fehlen, daß ich nicht jedesmal von beiden etwas lernen sollte.* Vom kantischen Ethos zeigt sich Schleiermacher merkwürdigerweise nicht gepackt. «Er hat nie die

*Berlin: Die Königliche Bibliothek, erbaut von Boumann d. J., später Anlage-
gelände der Universität. Zeitgenössischer Kupferstich*

Wucht und Erhabenheit des kategorischen Imperativs durchschla-
gend erlebt.» (G. Wehrung) Statt von Pflicht redet er von Tugend.
Er bleibt darin Vorkantianer und wünscht sich bezeichnenderweise
in Drossen zu seinem Lehrer Eberhard nach Halle zurück.

Im Mai 1790 bestand er die erste theologische Prüfung in Berlin.
Seine Predigt erschien als nicht populär. Daß er ohne einen Haarbeu-
tel vor die Examinatoren getreten war, wurde ihm zum Glück nicht
verübelt. Das Verhältnis zum Vater hatte sich gebessert. Als der Vater merkte, daß er sich dem Sohn entfremdet hatte, ging er als der Ältere dem Sohn in Aufrichtigkeit entgegen. 1790 war die Entfrem-
dung überwunden. Schleiermacher erkundigte sich regelmäßig nach
dem Ergehen der ganzen Familie.

Hofprediger Sack, der Leiter des reformierten Kirchenwesens in
Preußen, vermittelte Schleiermacher eine Hauslehrerstelle im Haus
des Grafen Dohna im ostpreußischen Schlobitten. Am 22. Oktober
1790 traf er dort ein. Bis zum Mai 1793 hielt sich Schleiermacher
im Schloß der Dohnas auf. Er lernte hier ein harmonisches Familienleben kennen. «Aus der stillen, von Büchern gefüllten Pastorenwoh-
nung sah er sich nun in einen ganz weltlichen und im besten Sinne
aristokratischen Kreis versetzt. Bis dahin hatten die Verhältnisse seine fein und reich organisierte Seele immer wieder schmerzlich ein-
geengt, so sehr er sie geliebt hatte. Diese Seele weitete sich aus in so
glücklichen und den Reichtum der feinsten Empfindungen umfassenden Verhältnissen, wie er sie hier vorfand, als ob er in ihnen gebo-

ren wäre. Und ich finde keine deutlichere Offenbarung seiner geistigen Organisationen, als wie er nun, nachdem in seinen früheren Briefen immer wieder etwas Gedrücktes, ja nicht selten Ausmalung von Empfindungen und Charakteren, Schwärmendes hervortrat, obwohl jetzt doch jeder wissenschaftliche Fortschritt zurückgehalten war, überall ein überströmendes Gefühl von Glück zeigt, ein tiefstes Auffassen des ihn Umgebenden, völliges Genüge ohne Sehnsucht nach seinen Büchern und den Problemen, die ihn da beschäftigt hatten.» (Wilhelm Dilthey) Den Umgang mit gebildeten Frauen hat Schleiermacher in Schlobitten erstmals als großen Gewinn empfunden. Der Graf war Soldat im Siebenjährigen Krieg gewesen und hatte es zum Generaladjutanten des Herzogs von Braunschweig gebracht. Der älteste noch im Hause weilende Sohn Wilhelm ging bald auf die Universität Königsberg, so daß Schleiermacher besonders für einen aufgeweckten vierzehnjährigen Jungen zu sorgen hatte. Er unterrichtete ihn in Geographie, Geschichte und französischer Sprache. Auch mit zwei jüngeren Knaben hatte er sich zu befassen. Bei genauer Zeiteinteilung konnte er noch von der reichen Bibliothek des Schlosses Gebrauch machen. Im Mai 1791 unternahm er einen kurzen Ausflug

Mittelbau des Schlosses Schlobitten

nach Königsberg und er nahm die Gelegenheit wahr, *ein paar von den dortigen Gelehrten von Angesicht zu Angesicht zu sehen* und besonders *ein halbes Stündchen bei Herrn Kant und ein paar anderen Professoren zuzubringen.* Von Kant gewann er aber keinen ihn persönlich fesselnden Eindruck. Sein Vater verriet wenig später mehr Neigung für den Königsberger Philosophen, den er für einen «alten würdigen und moralisch guten» Mann hielt, dessen *Religion innerhalb der Grenzen der reinen Vernunft* nicht die kirchlichen Angriffe verdiene. Schleiermacher fand in Pfarrer Wedeke in Hermsdorf einen anziehenden Theologenfreund, mit dem er offen über die Lage der protestantischen Kirche sprechen konnte. Auch wissenschaftliche Arbeit reizte ihn wieder, und er ging prüfend seine Papiere aus der Studienzeit durch. Philosophische Probleme bevorzugte er. Gelegentlich predigte er in Schlodien, einer Filialgemeinde von Schlobitten, und fand ein positives Echo bei der gräflichen Familie. Die Gräfin empfand zwar etwas «zu Neues» in den Predigten. Dem Onkel, dem er die Entwürfe zur Begutachtung sandte, gefielen sie recht gut, kreisten sie doch meistens um das Problem des Glücks, über das sich die Prediger der Aufklärungszeit so gern verbreiteten.

Ganz wie ein Familienmitglied behandelt, hatte Schleiermacher täglich Gelegenheit, im Salon der Gräfin die Frauen des Hauses näher kennenzulernen. Imponierte ihm die Gräfin als stolze Erscheinung und *Krone des Hauses*, so zog ihn deren zweite Tochter, die siebzehnjährige Friederike, durch ihren jugendlichen Liebreiz unwiderstehlich an. Schleiermacher, der im Aussehen durch seinen verwachsenen Rücken benachteiligt war, zeigte sich sehr empfänglich für den Charme und die Grazie des jungen Mädchens. Seine Neigung hat er für sich zu bewahren gesucht, konnte sie aber wenigstens dem Mädchen gegenüber nicht völlig verbergen. In seinen Besitz gelangte später ein Blatt, auf dem die junge Gräfin sich in Form eines Gebetes über den festen Entschluß ausspricht, dem ihr um 1800 von der Familie bestimmten Bräutigam nicht die Hand zum Ehebund zu reichen. Friederike Dohna blieb unverheiratet. Sie starb jung, nach längerer Krankheit. Schleiermacher hat über die Neigung zu der Grafentochter, die seiner Meinung nach doch nicht hätte zum Ziel führen können, nur zu seiner Schwester Charlotte gesprochen. Sie hat angedeutet, warum ihr Bruder über seine erste Liebe so energisch geschwiegen habe. Ihm war die Tochter eines der größten Häuser des Königreichs schlechterdings unerreichbar erschienen. – Gegensätzliche politische Meinungen hatten zeitweise das Verhältnis zwischen dem Hausherrn und Schleiermacher getrübt. Ein prinzipieller pädagogischer Streit wegen der Einmischung des Grafen in die Erziehung, in dem weder der Hausherr noch der Lehrer nachgeben wollte, führte

Alexander Burggraf zu Dohna. Lithographie, um 1813

zu Schleiermachers Abschied von Schlobitten. Er ging als ein menschlich und theologisch Gereifter. Der älteste Sohn des Schlobittener Hauses, Alexander, der später mit Wilhelm von Humboldt die Gründung der Berliner Universität in der Hand hatte, blieb ihm in Freundschaft verbunden. Im Hause Dohna blieb er noch nach Jahrzehnten unvergessen.

Auch das politische Geschehen hatte er aufmerksam in Schlobitten verfolgt. Aus der Französischen Revolution von 1789, die er insgesamt bejahte, zog er seine Folgerungen. Er verurteilte den Despotismus und kritisierte die Verkettung von Kirche und Staat, an der auch

Friederike Burggräfin zu Dohna. Zeitgenössisches Gemälde

die Aufklärung festhielt. Der Staat sollte sich nach seiner Auffassung nicht mehr um die Religion der Untertanen kümmern. Für ein halbes Jahr nahm Schleiermacher nach längerer Ferienzeit im Hause des Onkels zum Herbst 1793 eine Stelle als Erzieher am Gedikeschen Seminar und als Lehrer an einem Waisenhaus in Berlin an, aber er fand keinen Geschmack an seiner überdies schlecht bezahlten Unterrichtstätigkeit. Ihm fehlte auch fördernder Umgang. *Zur großen Welt hatte ich natürlich gar keinen Zutritt, für die feine machte mich der Schulstaub noch ungeschickter, als ich schon von Natur bin und bei der gelehrten hatte ich noch nicht recht Zeit gehabt, mich einzufüh-*

Die Schleiermacher-Stube auf Schloß Schlobitten

ren... *Mein Umgang beschränkte sich also auf einige neuere Vorgesetzte, ein paar alte Bekannte meines Vaters und ein paar alte Universitätsfreunde. An schriftstellerische Arbeiten war neben der Schulfron nicht zu denken. Nur die Lektüre politischer Journale brachte Anregung.*

Über seine Zukunft war sich Schleiermacher unklar. Schriftstellerische Tätigkeit traute er sich nicht zu. Mit theologisch-philosophischen Studien hoffte er die Zeit bis zur definitiven Entscheidung über sein Schicksal ausfüllen zu können.

Gern folgte er, nur um dem drückenden Schuldienst zu entkom-

Landsberg an der Warthe. Südansicht, 1795

men, einem Ruf als Hilfsprediger nach Landsberg an der Warthe, wo ein Schwager seines Onkels Stubenrauch wegen Alter und Krankheit Unterstützung im Amt brauchte. Innerhalb einer Woche bestand er das zweite theologische Examen und erhielt auch die Ordination zum geistlichen Amt. Im April 1794 traf er in Landsberg ein, einer größeren Landstadt, nahe Drossen und Küstrin gelegen. Die lebhafte Geselligkeit in den Honoratiorenkreisen sagte ihm zu, er gewann jetzt auch ein inneres Verhältnis zu seinem Amt. Seine sorgfältig durchdachten Predigten fanden solchen Anklang in der Gemeinde, daß man ihn nach dem Tode des Pfarrers gern als seinen Nachfolger behalten hätte. Schleiermacher schulte seinen Stil an den Predigten des englischen Kanzelredners Blair, die er jetzt gemeinsam mit dem Hofprediger Sack übersetzte. Diese Übersetzung war seine erste Veröffentlichung. Schleiermachers rednerische Anlage trat damals schon deutlich hervor. Dilthey findet in den Predigten die künstle-

rische Form, den rednerischen Stil und den sachlichen Zusammenhang, dem die begrifflich durchgearbeitete Gliederung zugute kam. Auch für das Schulwesen interessierte sich Schleiermacher und mit Eifer erteilte er Katechismusunterricht. Trotz der praktischen Gemeindetätigkeit kam auch die Wissenschaft nicht zu kurz. Eine unvollendete *Kurze Darstellung des spinozistischen Systems* fällt in die Landsberger Zeit. Mit Spinoza und Kant teilt er die Ansicht, daß den Dingen unserer Wahrnehmung ein Übersinnliches, Unbedingtes zugrunde liege. Dieses Unbedingte könne aber nicht mit den Mitteln unseres Verstandes beschrieben werden. In Landsberg machte auch wieder eine Frauengestalt Eindruck auf ihn. Es war die ihm bereits bekannte Tochter seines vorgesetzten Pfarrers, die mit dem Bürgermeister der Stadt verheiratet war. Schleiermacher hatte schon in der Studentenzeit dem Freunde Brinkmann eine Beschreibung von der Dame geliefert: *Auf den ersten Anblick imponiert sie mehr, als daß*

37

*sie an sich zöge; aber wenn man Gelegenheit hat, ein Gespräch mit
ihr zu entamiren, so entdeckt man augenblicklich einen so reichen
Vorrat von Bonsens und von jenem liebenswürdigen Witz, den uns
Wieland in seiner Musarion bewundern läßt, daß man sich nicht
wieder losreißen kann; sie spricht viel, und alles, was sie spricht,
ist Verstand; mit viel Belesenheit verbindet sie einen sehr feinen Geschmack. Von den interessantesten Gesprächen kann sie, wenn es die
Gelegenheit erfordert, zu den alltäglichsten Dingen übergehen,
ohne daß es sie geniert ... Sie ist munter ohne ausgelassen und offen,
ohne auffallend naiv zu sein ... Zu diesem Innern schickt sich das
Äußere vortrefflich. Denke Dir eine große, schön gewachsene Blon-
dine, ein reizendes Gesicht, die Haare vorn bis an die Augenbrauen
gekämmt, und hinten ganz natürlich über Rücken und Schultern her-
abhängend. Ebenso einfach ist ihre Kleidung. Ich sah sie meistens in
einem langen weißen Kleide mit einer breiten himmelblauen Schärpe
über den Hüften zugebunden oder in einem ganz kurzen Korset
von Lila oder Seladon.* Es war selbstverständlich, daß der junge Prediger im Hause Benecke freundlich aufgenommen wurde, gehörte er
doch als Neffe von Stubenrauch zur weiteren Familie. Die lebhafte
Frau nahm sofort reichlich Schleiermachers Rat in Anspruch und
vertraute ihm ihre Tochter zu täglichem Unterricht an.

Schleiermacher mußte von der ihm liebgewordenen Tätigkeit schnel-
ler als ihm lieb war Abschied nehmen, denn das reformierte Direk-
torium betrachtete ihn als zu jung für die Übernahme der Pfarrei.
Es war etwas peinlich für Schleiermacher wie für seinen Onkel Stubenrauch, daß diesem als einem Verwandten des verstorbenen Pfarrers
die Gemeinde angeboten wurde. Stubenrauch nahm die Berufung erst
an, als die Behörde sich strikt geweigert hatte, seinen Neffen zu be-
rücksichtigen. Da auch eine Berufung nach Brandenburg als zweiter
Pfarrer sich zerschlug, da Schleiermacher einem älteren Kandidaten
vornehm den Vortritt ließ, begnügte sich der junge Prediger mit der
bescheidenen Stelle an der Charité in Berlin. Als er nach Berlin über-
siedelte, fühlte er sich sehr vereinsamt. Sein Vater war am 2. September 1794 gestorben. Ihm ging der Tod des Vaters, mit dem er sich
ganz ausgesöhnt hatte, nahe, konnte er doch nur Respekt vor der
lebenslangen geistigen Regsamkeit des Vaters haben, dessen große
Leidenschaft bis zuletzt neue Bücher gewesen waren. Der Verstorbe-
ne hinterließ mehrere Kinder aus seiner zweiten Ehe. Die Witwe
zog nach Pleß und lebte dort in dürftigen Verhältnissen. Schleiermachers Halbschwester Anna Maria Louise, genannt Nanny, sollte ihm
später das Haus führen. Die Lieblingsschwester Charlotte lebte in
Gnadenfrei ihr Leben schwärmerischer Freundschaft unter gleichgesinnten Freundinnen. Sie beschäftigte sich mit Bandwirkerei und spä-

ter mit erzieherischen Aufgaben. Der Bruder Karl war aus der Brüdergemeine ausgeschieden und Apotheker geworden. Wegen seines ehrlichen Wesens war er bei den Verwandten sehr beliebt.

Noch 1802 hat Schleiermacher den Tod des Vaters als einschneidendes Ereignis bezeichnet und in zarter Weise das sich wandelnde Verhältnis zum Vater beschrieben: *Sie wissen, wie lange ich verwaist bin, aber es gibt wohl nicht leicht einen Tag, wo ich nicht mit Liebe besonders meines Vaters gedächte. Zwar habe ich mit meiner Mutter mehr gelebt, aber ich verlor sie zu früh. Ihn hingegen habe ich noch wenigstens im Anfange meines reiferen Lebens gekannt. Ein unseliges Mißverständnis hatte sein Herz mehrere Jahre von mir entfernt. Er glaubte mich auf einem verderblichen Wege, er hielt mich für aufgeblasen und eitel, indes ich nur ganz einfältig meiner innersten Überzeugung gefolgt war, ohne auch nur einen Schritt weiter hinaus zu denken oder irgend etwas zu wünschen und zu hoffen. Ich litt viel, ich dachte, welch' ein schönes Verhältnis zwischen uns stattfinden könnte, und es war nicht! Ohne meine Schuld. Mich rührte seine zärtlich sorgende Liebe, die auch, ohnerachtet seines Kummers um mich, nie von mir wich. Aber Sie wissen, wie ich bin; ich tat nie etwas Besonderes um ihn mir näher zu bringen, sondern ging nur still meinen Gang fort, besorgend, jenes möchte nur verkehrt auf ihn wirken. Nach und nach nun folgte sein Urteil und sein Verstand seinem Herzen; aber nur eben hatte ich das vollste und sicherste Zeugnis in Händen, daß er ganz wieder mein war, als er mir genommen wurde.*

Im September 1796 bezog Schleiermacher seine kümmerliche Wohnung im dritten Stock des alten Charité-Gebäudes. Lange hielt er es in dem unhygienischen Bau nicht aus. Auch die Umgebung war wenig reizvoll, die Straßen waren ungepflastert. Er zog in eine Wohnung außerhalb des Oranienburger Tores. Die mit jährlich etwa 250 Talern bei 20 Talern Nebeneinkünften sehr bescheiden besoldete Stel-

Berlin: Die alte Charité. Stich um 1770.

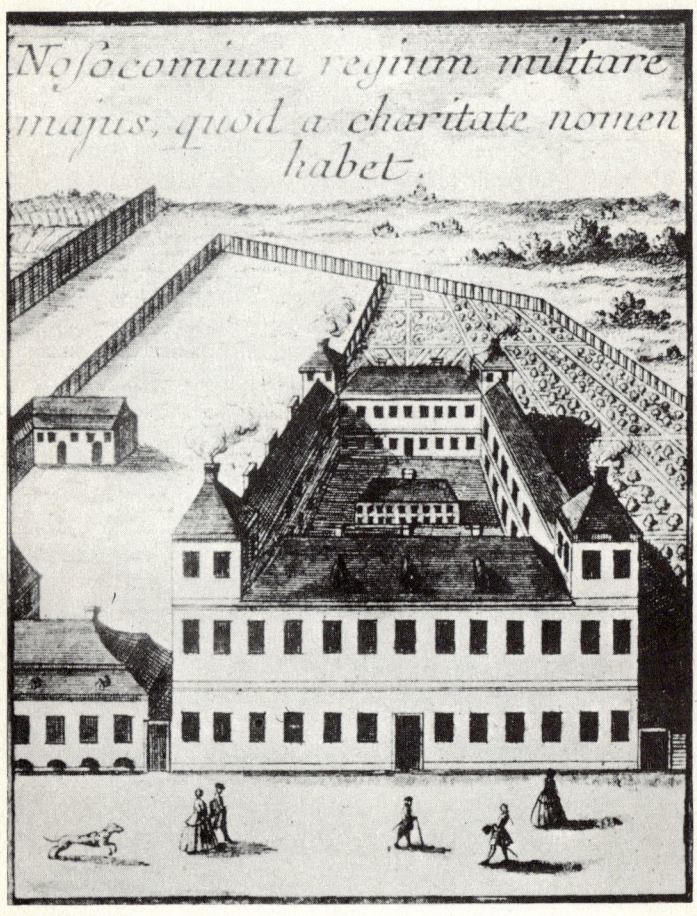

Nosocomium regium militare majus, quod a charitate nomen habet.

le gewährte Schleiermacher nur einen kleinen Wirkungskreis. Sein Predigtpublikum setzte sich aus einfachen Leuten aus dem Krankenhaus und aus den benachbarten Stadtteilen zusammen. Die Kapelle der Charité diente, wie zehn andere Kirchen Berlins, gemeinsam den Lutheranern und Reformierten. Schleiermacher mußte sich den Hörern anpassen und den Ton sehr herabstimmen, den er von seinen begeisterten Landsberger Zuhörern her gewohnt war. Im ersten Winter verkehrte Schleiermacher noch in den Häusern der Prediger Sack und Spalding, in denen der Geist der Aufklärung, wie er durch Friedrich Nicolais «Allgemeine Deutsche Bibliothek» und Zeitschriften, deren Zahl Entsetzen erregt (Dilthey), propagiert worden war, mit Eifer hochgehalten wurde. Aber schon regte sich eine neue Generation, die bei Herder und Goethe in die Schule gegangen war und hier den Sinn für die Individualität anderer Menschen und Anschauungen empfangen hatte. Schleiermacher sollte mit Begeisterung zu dieser Generation gehören.

Eine neue Welt öffnete sich ihm im Hause des Hofrats und Arztes Dr. Marcus Herz. Bei diesem hatte ihn schon während des ersten Berliner Aufenthalts der in Berlin als Kriegsrat tätige Graf Alexander Dohna eingeführt. Der jüdische Arzt war ein Lieblingsschüler Kants in Königsberg gewesen und hatte sich als Schriftsteller und geistvoller Redner einen Namen gemacht. In kinderloser Ehe war Herz mit der siebzehn Jahre jüngeren Henriette de Lemos, Tochter eines jüdischen Arztes portugiesischer Herkunft, verheiratet. Die damals zweiunddreißigjährige Frau war eine viel angeschwärmte und bewunderte Schönheit. S. Boisserée verglich sie mit den venezianischen Frauenporträts von Bordone und Tizian. Henriette Herz war nicht eigentlich geistreich wie Rahel Varnhagen und Dorothea Veit, aber sie hatte größtes Verständnis für die Probleme der Wissenschaft und für alle künstlerischen Leistungen. Sie beherrschte zehn Sprachen und unterschied sich von ihrem nüchternen Gatten durch ein reiches Empfindungsleben. Sie fühlte weniger das Bedürfnis nach Geselligkeit als das Verlangen nach seelischer Gemeinschaft unter Gleichgestimmten. Schleiermacher schreibt 1798 seiner Schwester: *Sie besonders, die Herz, schränkt ihre persönliche Bekanntschaft sehr ein, und wenn sie nicht des Mannes wegen müßte und weil sie einmal eine bekannte Frau ist, so würde sie gewiß nur mit ein paar Menschen leben.* Henriette hatte die Entwicklung einer neuen geistigen Gesellschaft in Berlin von Anfang an miterlebt.

Es waren besonders jüdische Kaufleute, die den äußeren Rahmen für das gesellschaftliche Leben boten. Bei 142 000 Einwohnern hatte die Stadt 1798 mehr als viereinhalbtausend Juden. War es zuerst noch Moses Mendelssohn, der vielgelesene Popularphilosoph, der in den

Henriette Herz. Bleistiftzeichnung von Anton Graff

Häusern des Bankiers Veit, seines Schwiegersohns, und des Arztes Herz den Ton angab, so hatte 1795 Goethes Geist über diesen gesiegt. Rahel Varnhagen schrieb damals, Goethe sei der Vereinigungspunkt für alles, was Mensch heißen könne und wolle. Schleiermacher hatte schon in Landsberg mit Goethes «Wilhelm Meister» Bekanntschaft gemacht. Er war jetzt für die Begegnung mit der bedeutenden Frau vorbereitet. Immer wieder zog es den jungen Prediger seit Sommer 1798 in das Haus der Freundin. Vor der Teestunde kam er allein in die Neue Friedrichstraße 22, denn Henriette empfand trotz aller Geselligkeit ein seelisches Vakuum, das Schleiermacher – oder «Schleier», wie sie ihn nannte – wie kein anderer ihrer Freunde auszufüllen verstand. Umgekehrt war es Henriette, die Schleiermacher ganz in seiner Liebe zum Predigerberuf verstehen konnte. Die Beziehung zwischen Schleiermacher und Henriette hatte nichts mit sinnlicher Liebe zu tun. Sie bestand in einem seelischen Freundschaftsverhältnis, beruhend auf der inneren Ähnlichkeit der Naturen. Schleiermacher schreibt seiner Schwester: *Es ist eine recht vertraute und herzliche Freundschaft, wobei von Mann und Frau aber garnicht die Rede ist.* Fast jeden Tag erschien Schleiermacher bei den Freunden. Bei Gespräch und gemeinsamer Lektüre – mit Henriette las er Shakespeare und zum zweitenmal den «Wilhelm Meister» – wurde es oft so spät, daß Schleiermacher mit einer kleinen Laterne, die im Knopf-

Friedrich Schlegel. Verschollene Kohlezeichnung
von Caroline Rehberg

loch befestigt wurde, den Weg nach Hause suchte. Bei der Freundin traf er oft mit den Humboldts und den geistreichen Frauen Rahel Varnhagen und Dorothea Veit zusammen. Der Klatsch fand an der engen Freundschaft willkommene Nahrung. Es kam sogar eine Karikatur in Umlauf, auf der Schleiermacher als Knicker – ein kleiner zusammenlegbarer Sonnenschirm – dargestellt war, den Henriette Herz in der Hand trug. Natürlich blieb auch den kirchlichen Oberen Schleiermachers reger Verkehr mit der Jüdin nicht unbekannt. Hofprediger Sack erwog schon eine Versetzung nach Schwedt an der Oder, um den jungen Geistlichen vor den Gefahren allzu freizügiger Geselligkeit zu bewahren.

Von entscheidender Bedeutung wurde seine Begegnung mit dem schon berühmten Friedrich Schlegel. Dieser war jünger als Schleiermacher, hatte sich aber schon mit schriftstellerischen Arbeiten hervorgetan und bestach durch seine reiche literarische Bildung. Zwischen den beiden Männern entwickelte sich eine stürmische Freundschaft. Schleiermacher ordnete sich dem Jüngeren zunächst in blinder Bewunderung unter. Schlegel war Sohn eines auch dichterisch hervorgetretenen Theologen und hatte nach einer unglücklichen Kaufmannslehre Sprachen, griechische Literatur und Kunst studiert. Ein juristisches Fachstudium hatte er 1793 abgebrochen, um ganz seinen literarischen Neigungen folgen zu können. Damals schrieb er: «Es steht mir nur noch ein Weg offen, die lichte Bahn des Ruhmes. Ich muß das Spiel wagen, weil ich muß. Es springt in die Augen, daß unsre besten Köpfe durch ihre bürgerliche Bestimmung verstümmelt sind. Ich sehe die Abgründe über die ich hinschreite, aber ich will hinüber. Ich weiß, daß ich nicht leben kann, wenn ich nicht groß bin, d. h. mit mir zufrieden.» Es war Schlegel dann auch schon 1794 gelungen, in seiner Arbeit über die griechische Poesie den ersten Umriß einer griechischen Literaturgeschichte zu zeichnen. 1796 begab er sich nach Jena, um hier mit den Vertretern der romantischen Dichtung und Philosophie zusammen zu arbeiten. Im Juli 1797 ging er nach Berlin. Er trug sich mit dem Plan einer Zeitschrift, an der Friedrich von Hardenberg (Novalis), sein Bruder August Wilhelm Schlegel, Wackenroder und Ludwig Tieck beteiligt sein sollten. Sein Auftreten in Berlin muß äußerst sieghaft gewesen sein. Schlegel befand sich damals an einem Wendepunkt seiner Entwicklung. Er fühlte sich als Herold einer neuen Zeit. Die Vereinigung von Wissenschaft und Kunst, Poesie und Philosophie schwebte ihm als Ziel seines Lebens vor. Im Roman glaubte er das Beste sagen zu können. Darin täuschte er sich allerdings, denn seine eigentliche Begabung lag in der kritischen Durchleuchtung des Kulturlebens. Schleiermacher war überwältigt von den unbegreiflich reichen Kenntnissen Schlegels und sah in ihm den großen Philosophen und starken sittlichen Charakter. Er überschätzte den Freund, wenn er dessen Pläne schon für Leistungen nahm. Schlegel hat hingegen den neuen Freund richtig eingeschätzt: «Schleiermacher ist ein Mensch, in dem der Mensch gebildet ist ... Er ist nur drei Jahre älter wie ich, aber an moralischem Verstande übertrifft er mich unendlich weit. Ich hoffe noch viel von ihm zu lernen. Sein ganzes Wesen ist moralisch.» (An A. W. Schlegel, November 1797.) Schlegel hat das Verdienst, Schleiermacher unermüdlich zu literarischer Arbeit angespornt zu haben. Gegenüber Schlegel fühlte sich Schleiermacher zu aller eigenen literarischen Produktion unfähig. Nur zu Predigtübersetzungen schien ihm sein Talent zu reichen. Jetzt übersetzte er noch Fawcetts religiöse Reden. Doch das sollte nun anders werden. Schlegel diskutierte mit Schleiermacher den Plan der neuen Zeitschrift, an der er maßgeblich mitarbeiten sollte. Von Schlegel stammte auch die Idee, gemeinsam Platons Werke zu verdeutschen:

Es muß schon Anno 1798 gewesen sein, als Fr. Schlegel in unsern philosophierenden Unterhaltungen, in denen Plato nicht selten vorkam, zuerst ganz flüchtig den Gedanken äußerte, daß es notwendig wäre, in dem dermaligen Zustande der Philosophie den Platon recht geltend zu machen und ihn deshalb vollständig zu übersetzen. Schon mit der ersten Äußerung war auch die verbunden, daß dies unser gemeinsames Werk sein müsse. Ich sagte nicht Nein, sondern faßte den Entwurf mit großer Liebe auf. Daß eine Anordnung des Ganzen notwendig sei, darüber waren wir bald verstanden, soviel ich mich aber erinnere, schwankten wir zwischen einer chronologischen und einer solchen, welche mehr darauf berechnet wäre, der gegenwärtigen Zeit den Plato am besten und schnellsten aufzuschließen. Ich weiß nicht, ob Schlegel damals schon die Einsicht hatte, die mir erst später aufging, daß

August Böckh

Dorothea Veit.
Ölskizze von Anton Graff

beides eines und dasselbe sein müsse. (18. 6. 1808 an August Böckh.)

Die Platon-Übersetzung gewann Schleiermacher den Respekt der Altphilologen. Mit einem der bedeutendsten seiner Zeit, August Böckh, stand er in lebhaftem Austausch über philologische Fachfragen.

Schlegel hat, als die Übersetzung 1800 beschlossene Sache wurde, kaum etwas zur Ausführung des Unternehmens beigetragen. Er überließ dem oft verzweifelnden Freund die ganze Arbeit. Schleiermacher blieb ihr trotzdem treu und brachte zwischen 1804 und 1828 den größten Teil der Schriften Platons heraus. Den 29. Geburtstag feierte Schleiermacher in gehobener Stimmung mit dem genialen Freund, Henriette Herz, Dorothea Veit und Alexander Dohna. Zu den freundlichen Glückwünschen gesellten sich kleine Geschenke: ein Uhrband von der Herz, ein Paar Handschuhe und ein Weinglas von Frau Veit, ein Fläschchen Parfum für die Wäsche von Schlegel. Bis Mittag blieben die Getreuen, und abends wurde im Hause Veit bei Punsch auf seine Gesundheit getrunken. Schleiermacher fühlte sich glücklich und anerkannt.

Weihnachten 1797 zog er sogar mit Schlegel zusammen, und sie führten nun eine förmliche *Ehe*. Darüber schreibt er der Schwester: *Wie ist das Jahr zu Ende gegangen, ohne daß diese Epistel vorwärts gekommen ist! Da kam das Fest, wo ich diesmal gepredigt habe, da kam Schlegels Einziehen und Einrichtung bei mir, und so ist die Zeit vergangen ohne mich zu fragen. Eine herrliche Veränderung in meiner Existenz macht Schlegels Wohnen bei mir. Wie neu ist mir das, daß ich nur die Türe zu öffnen brauche, um mit einer vernünftigen Seele zu reden, daß ich einen guten Morgen austeilen und empfangen kann, sobald ich erwache, daß mir Jemand gegenüber sitzt bei Tische, und daß ich die gute Laune, die ich Abends mitzubringen pflege, noch früh Jemand mitteilen kann. Schlegel steht gewöhnlich eine Stunde eher auf als ich, weil ich meiner Augen wegen des Morgens kein Licht brennen darf, und mich also so einrichte, daß ich* vor $^1/_2$ 9 Uhr nicht ausgeschlafen habe. Er liegt aber auch im Bette und liest, ich erwache gewöhnlich durch das Klirren seiner Kaffeetasse. Dann kann er von seinem Bett aus die Türe, die meine Schlafkammer von seiner Stube trennt, öffnen, und so fangen wir unser Morgengespräch an. Wenn ich gefrühstückt habe, arbeiten wir einige Stunden, ohne daß einer vom andern weiß; gewöhnlich wird aber vor Tisch noch eine kleine Pause gemacht, um einen Apfel zu essen, wovon wir einen gemeinschaftlichen schönen Vorrat der auserlesensten Arten haben; dabei sprechen wir gewöhnlich über die Gegenstände unserer Studien. Dann geht die zweite Arbeitsperiode an bis zu Tisch, d. h. bis halb zwei. Ich bekomme mein Essen, wie Du weißt, aus der Charité, Schlegel läßt sich seines aus einem Gasthause holen. Welches nun zuerst kommt, das wird gemeinschaftlich verzehrt, dann das andere, dann ein paar Gläser Wein getrunken, so daß wir beinah ein Stündchen bei unserm Diner zubringen. Über den Nachmittag läßt sich nicht so bestimmt sprechen; leider aber muß ich gestehn, daß ich gewöhnlich der erste bin, der ausfliegt, und der letzte, der nach Hause kommt. Doch ist nicht die ganze Hälfte des Tages dem gesellschaftlichen Genuß gewidmet; ich höre einigemal die Woche Collegia und lese einigemal welche – versteht sich privatissime, nur einem oder dem andern guten Freunde, und dann erst gehe ich, wohin meine Lust mich treibt. Wenn ich Abends zwischen 10 und 11 nach Hause komme, finde ich Schlegel noch auf, der aber nur darauf gewartet zu haben scheint, mir gute Nacht zu geben und dann bald zu Bette geht. Ich aber setze mich dann hin und arbeite gewöhnlich noch bis gegen 2 Uhr, denn von da bis halb 9 kann man noch vollkommen ausschlafen. Unsre Freunde haben sich das Vergnügen gemacht, unser Zusammenleben eine Ehe zu nennen und stimmen allgemein darin überein, daß ich die Frau sein müßte, und Scherz und Ernst wird darüber genug gemacht.

Bei aller Anerkennung des Freundes entschlüpft Schleiermacher doch eine kritische Bemerkung. Er vermißt bei Schlegel das zarte Gefühl und den feinen Sinn für die *lieblichen Kleinigkeiten des Lebens* und für die *feinen Äußerungen schöner Gesinnungen, die oft in kleinen Dingen unwillkürlich das ganze Gemüt enthüllen.* Auf Schlegels Drängen hin schrieb der Freund *ethische Rhapsodien* nieder, die in der neuen Zeitschrift der Brüder Schlegel, dem «Athenäum», Aufnahme fanden. In Auseinandersetzung mit Kant und Fichte bereitet sich hier die Konzeption der späteren *Monologen* vor. In sich selbst muß der Mensch, so bekennt Schleiermacher, seine Bestimmung finden. Er muß das Gesetz seines Wesens, sein Ich in sich ergreifen und festhalten. Nicht die Sinne allein schaffen die Außenwelt, sondern die bildende Phantasie muß hinzutreten. Die Geisterwelt aber ist erst da für das Gemüt. So schreibt er Henriette Herz: *Eigent-lich gibt es doch keinen größeren Gegenstand des Wirkens als das Gemüt.* In diesem Sinne wollte Schleiermacher den Kreis der Freun-de über «alle Irrungen des Moments hinaus» (Dilthey) vereinen. Auch dichterisch versuchte sich Schleiermacher im Kreis der Ästheten und Poeten. Aber er erkannte, daß hier nicht seine eigentliche Bega-bung lag. Ein Romanprojekt, das ihn lange beschäftigte, blieb un-ausgeführt. Bis 1803 lassen sich Pläne zu Novellen und zu einer Schicksalstragödie verfolgen. Auch einige Gedichte haben sich in sei-nen Papieren gefunden, darunter eins, das *An der See* überschrieben ist.

Hier wohl Wellen sich heben,
Kräuselt blinkender Schaum,
Drunten ist alles eben,
Zittert ein Tropfen kaum!
Flimmre nicht Lust!
Der Brust
Bleibet nur Leid bewußt.

Räumt nun Sonne den Himmel,
Taucht die Glut in die See:
Leuchtet das Sternengewimmel
Wieder dem alten Weh.
Blende nur Licht!
Bald sticht
Länger dein Strahl mich nicht.

Vöglein flattern und singen,
Liebesfreude sie lehrt:
Drunten darf nichts erklingen,
Trauer ist ungestört.
Tiefe, nur du
Zur Ruh'
Schließest die Augen zu.

An sich hätte es nahegelegen, daß Schleiermacher sich einer zu-sammenhängenden Untersuchung ethischer Fragen zugewandt hätte. Aber das Unverständnis für das Wesen der Religion bei manchem seiner neuen Freunde veranlaßte ihn, zunächst dem Wesen der Re-ligion tiefer nachzudenken. Dilthey vermutet, daß schon im Frühjahr 1798 eingehende Unterredungen über das große Thema der Religion mit Friedrich Schlegel und Henriette Herz stattgefunden haben.

Wahrscheinlich ist Schleiermacher von den Freunden zum Schreiben veranlaßt worden. Schleiermacher ging in tiefer Sammlung an die Ausarbeitung seiner *Reden*. In seinem Briefwechsel zwischen dem 8. November 1798 und dem 15. Februar 1799 bleibt die Entstehung des Werkes gänzlich unerwähnt. Vor August 1798 hat Schleiermacher wohl nicht mit der Arbeit begonnen. Am 2. Dezember 1798 erwähnt Schlegel in einem Brief an Novalis, daß Schleiermacher an einem Werk über die Religion arbeite. Als dieser Mitte Februar 1799 nach Potsdam geschickt wurde, um einen Prediger zu vertreten, war er bis gegen Ende der zweiten Rede gelangt. Am 15. April morgens gegen 10 Uhr waren die *Reden* abgeschlossen. Der in Potsdam bitter entbehrten Freundin Herz hatte Schleiermacher über den Fortgang der Arbeit berichtet, ihr auch Teile des Manuskripts zur Einsicht geschickt. Ihr klagt er auch, daß die dritte Rede ihm nicht fertig im

Über die Religion.

Reden

an

die Gebildeten unter ihren Verächtern.

Berlin.
Bei Johann Friedrich Unger.
1799.

Kopfe liege, da ihm noch eine *Inspiration* fehle, ohne die er nicht beginnen könne. Über Gott und Unsterblichkeit möchte er von der Freundin etwas vernehmen. *Meine Religion,* schreibt er beziehungsvoll an die Herz, *ist so durch und durch H e r z r e l i g i o n, daß ich für keine andere Raum habe.* Er ließ das Büchlein anonym unter dem Titel *Über die Religion. Reden an die Gebildeten unter ihren Verächtern* bei J. F. Unger in Berlin erscheinen. Er hat die Reden nie gehalten, wenngleich sie in der Form stark rhetorisch wirken. Sie sind dem individuellen Aufbruch einer genialen Natur zu verdanken. *Daß ich rede ... ist die innere unwiderstehliche Notwendigkeit meiner Natur, es ist ein göttlicher Beruf, es ist das, was meine Stelle im Universum bestimmt, und mich zu dem Wesen macht, welches ich bin.*

Die *Reden* sind eine Kampfschrift. Denn den gebildeten Verächtern der Religion will Schleiermacher diese zurückgeben. Er denkt sowohl an die in der Aufklärung oder toten Orthodoxie Befangenen, für die die Religion Moral und Lehre ist, als auch an die von der Klassik und Romantik geprägten Geister, die wohl einen starken Zug zum Innerlichen empfinden, aber die Religion nicht in ihrer Eigenart zu würdigen vermögen. Schleiermacher beherrscht vollkommen die Kunst der Gesprächsführung. Die gründlichen Studien der letzten Jahre befähigten ihn, die Auseinandersetzung um das Wesen der Religion in voller Solidarität mit den Gebildeten zu führen. Das hindert ihn freilich nicht daran, auch polemisch zu reden. Sein Ziel besteht darin, den Zeitgenossen den Weg zur echten Religion zu weisen. Religion ist nicht Moral oder Lehre, sondern Anschauung und Gefühl, eine *Erfahrung, ein heiliger Instinkt,* die *zarteste Blume der Phantasie.* Der heilige Moment eines mystischen Einswerdens mit dem *Universum*: das ist das eigentliche Wesen der Religion. Sinn und Geschmack für das Unendliche möchte er wecken.

Nur aus ihrer Zeit heraus sind die *Reden* zu verstehen, aus ihrem Zusammenhang mit der Romantik, deren Gesicht sie selbst um neue Züge bereichern. Erst hier, sagt Haym, kommt die «Antithese der romantischen gegen die aufklärerische Bildung zu voll entwickelter Bestimmtheit». Hier begegnen wir weiter, mit demselben Autor zu reden, der mannigfachen romantischen «Zuspitzung des Subjektivismus und Idealismus der Zeitbildung», nicht zuletzt der Gefahr einer Romantisierung des Christentums. Da Schleiermacher weite Partien der *Reden* in Anlehnung an romantisches Empfinden und Denken entworfen hat, ließ der Vorwurf spinozistischer Weltauffassung und pantheistischer Einstellung nicht lange auf sich warten. Selbst Friedrich Schlegel bemerkte: «Etwas mager dagegen kam mir Dein Gott vor.» Schleiermacher wollte aber behutsam vom Allgemeinen zum Absoluten vorstoßen (Paul Seifert).

Der Gedankengang der *Reden* muß näher charakterisiert werden. Die erste Rede bezeichnet Schleiermacher selbst als eine Apologie. Der Verfasser der *Reden* ist sich dessen bewußt, daß der Glaube von alters her nicht jedermanns Ding gewesen ist und daß von Religion immer nur wenige etwas verstanden haben. Er ist sich ebenfalls dessen bewußt, daß die Gebildeten seiner Zeit ihr irdisches Leben so reich und vielseitig gestaltet haben, daß sie der Ewigkeit nicht mehr zu bedürfen scheinen. Es ist ein Stück Selbstkritik des geistlichen Standes, wenn Schleiermacher hervorhebt, daß gerade den *Priestern* nichts abgenommen wird, was die Religion betrifft. Er bekennt sich selbst als *Mitglied dieses Ordens*, aber er erklärt, nichts mit denen zu tun zu haben, die über den Untergang der Religion wehklagen. Ihm ist es hingegen klar, daß das Thema Religion aktuell ist, weil er als Mensch es als aktuell und unabweisbar, ja geradezu als bezwingend empfindet. *Als Mensch rede ich zu euch von den heiligen Mysterien der Menschheit nach meiner Ansicht, von dem, was in mir war, als ich noch in jugendlicher Schwärmerei das Unbekannte suchte, von dem, was, seitdem ich denke und lebe, die innerste Triebfeder meines Daseins ist und was mir auf ewig das Höchste bleiben wird, auf welche Weise auch noch die Schwingungen der Zeit und der Menschheit mich bewegen mögen. Daß ich rede, rührt nicht her aus einem vernünftigen Entschlusse, auch nicht aus Hoffnung oder Furcht, noch geschiehet es einem Endzwecke gemäß oder aus irgendeinem willkürlichen oder zufälligen Grunde: es ist die innere unwiderstehliche Notwendigkeit meiner Natur, es ist ein göttlicher Beruf, es ist das, was meine Stelle im Universum bestimmt und mich zu dem Wesen macht, welches ich bin. Sei es also weder schicklich noch ratsam, von der Religion zu reden, dasjenige, was mich also drängt, erdrückt mit seiner himmlischen Gewalt diese kleinen Begriffe.*

Mit zwei Typen menschlicher Daseinsbewältigung will sich Schleiermacher auseinandersetzen: mit denen, die den Sinn des Lebens im Irdischen, Sinnlichen, Vorfindlichen sehen, und mit denen, die in überfließendem Enthusiasmus rastlos im Universum herumirren und leere Ideale anbeten, ohne Taten zu vollbringen. Zweifellos trifft Schleiermacher damit gut die Tendenzen des nüchternen, rein irdisch-wirklichkeitsbezogenen Aufklärers und des leeren Idealen hingegebenen spekulativen Schwärmers. Er versteht sich als ein diese Motive durchdringender Geist. *Darum sendet die Gottheit zu allen Zeiten hie und da Einige, in denen beides auf eine fruchtbarere Weise verbunden ist, rüstet sie aus mit wunderbaren Gaben, ebnet ihren Weg durch ein allmächtiges Wort und setzt sie ein zu Dolmetschern ihres Willens und ihrer Werke und zu Mittlern desjenigen, was sonst ewig geschieden geblieben wäre. Sehet auf diejenigen, welche einen hohen*

Grad von jener anziehenden Kraft, die sich der umgebenden Dinge tätig bemächtigt, in ihrem Wesen ausdrückten, zugleich aber auch von dem geistigen Durchdringungstriebe, der nach dem Unendlichen strebt und in alles Geist und Leben hineinträgt, so viel besitzen, daß sie ihn in den Handlungen äußern, wozu jener sie antreibt; diesen genügt es nicht, eine rohe Masse irdischer Dinge gleichsam zerstörend zu verschlingen, sondern sie müssen etwas vor sich hinstellen, es in eine kleine Welt, die das Gepräge ihres Geistes trägt, ordnen und gestalten, und so herrschen sie vernünftiger, genießen bleibender und menschlicher, so werden sie Helden, Gesetzgeber, Erfinder, Bezwinger der Natur, gute Dämonen, die eine edlere Glückseligkeit im Stillen schaffen und verbreiten. Solche beweisen sich durch ihr bloßes Dasein als Gesandte Gottes und als Mittler zwischen dem eingeschränkten Menschen und der unendlichen Menschheit.

Schleiermacher versteht sich als Priester und Mittler des Höchsten, indem er denen, die nur das Endliche und Geringe zu fassen gewohnt sind, das Himmlische und Ewige darstellen möchte. Freilich sehnt er sich nach der Zeit, da dieses Mittleramt aufhörte, da die Zeit käme, *daß keiner bedürfen wird, daß man ihn lehre, weil alle von Gott gelehrt sind!* Dann würde das leiseste Wort verstanden, wo jetzt die deutlichsten Äußerungen der Mißdeutung nicht entgehen.

Es sind die Gebildeten, die Menschen vom gleichen Geist wie der Verfasser der *Reden*, an die zunächst Schleiermacher sich wendet. Aber dieses Anliegen scheint dem Redner nicht mehr selbstverständlich zu sein, weshalb er die Angeredeten beschwört: *Nur verweiset mich nicht ungehört zu denen, auf die ihr als auf Rohe und Ungebildete herabsehet, gleich als sei der Sinn für das Heilige, wie eine veraltete Tracht, auf den niederen Teil des Volks übergegangen, dem es allein noch zieme, in Scheu und Glauben von dem Unsichtbaren ergriffen zu werden. Ihr seid gegen diese unsere Brüder sehr freundlich gesinnt und mögt gern, daß zu ihnen auch von andern höheren Gegenständen, von Sittlichkeit und Recht und Freiheit geredet und so auf einzelne Momente wenigstens ihr inneres Streben dem Besseren entgegengehoben und ein Eindruck von der Würde der Menschheit in ihnen geweckt werde. So rede man denn auch mit ihnen von der Religion; man durchgrabe bisweilen ihr ganzes Wesen, bis der Punkt getroffen wird, wo dieser heilige Instinkt verborgen liegt; man entzücke sie durch einzelne Blitze, die man aus ihm hervorlockt; man bahne ihnen aus dem innersten Mittelpunkte ihrer engen Beschränkung eine Aussicht ins Unendliche und erhöhe auf einen Augenblick ihre tierische Sinnlichkeit zum hohen Bewußtsein eines menschlichen Willens und Daseins; es wird immer viel gewonnen sein. Aber ich bitte euch, wendet ihr euch dann zu ihnen,*

wenn ihr den innersten Zusammenhang und den höchsten Grund je-
ner Heiligtümer der Menschheit aufdecken wollt, wenn der Begriff
und das Gefühl, das Gesetz und die Tat bis zu ihrer gemeinschaft-
lichen Quelle sollen verfolgt und das Wirkliche als ewig und im
Wesen der Menschheit notwendig gegründet soll dargestellt werden?
Wäre es nicht glücklich genug, wenn eure Weisen dann nur von den
Besten unter euch verstanden würden? Eben das ist aber mein End-
zweck mit der Religion. Nicht einzelne Empfindungen will ich auf-
regen, die vielleicht in ihr Gebiet gehören, nicht einzelne Vorstellun-
gen rechtfertigen oder bestreiten; in die innersten Tiefen möchte ich
euch geleiten, aus denen sie zuerst das Gemüt anspricht; zeigen möch-
te ich euch, aus welchen Anlagen der Menschheit sie hervorgeht, und
wie sie zu dem gehört, was euch das Höchste und Teuerste ist; auf
die Zinnen des Tempels möchte ich euch führen, daß ihr das ganze
Heiligtum übersehen und seine innersten Geheimnisse entdecken
möget. Könnet ihr mir im Ernst zumuten, zu glauben, daß dieje-
nigen, die sich täglich am mühsamsten mit dem Irdischen abquälen,
am vorzüglichsten dazu geeignet seien, so vertraut mit dem Himm-
lischen zu werden, daß diejenigen, die über dem nächsten Augen-
blick bange brüten und an die nächsten Gegenstände fest gekettet
sind, ihr Auge am weitesten zum Universum erheben können, und
daß, wer in dem einförmigen Wechsel einer toten Geschäftigkeit sich
selbst noch nicht gefunden hat, die lebendige Gottheit am hellsten ent-
decken werde? Nur euch also kann ich zu mir rufen, die ihr fähig
seid, euch über den gemeinen Standpunkt der Menschen zu erheben,
die ihr den beschwerlichen Weg in das Innere des menschlichen We-
sens nicht scheuet, um den Grund seines Tuns und Denkens zu fin-
den.

Das Anliegen des Redners geht zweifellos dahin, den Zwang zur
religiösen Besinnung aus der Situation des Menschen abzuleiten. Insofern ist mit der menschlichen Natur das religiöse Streben notwendig
gesetzt, mag auch gegen bestimmte religiöse Gebäude und Formen
die Aversion der Gebildeten nur allzu deutlich ausgebildet sein.

Ihr seid ohne Zweifel bekannt mit der Geschichte menschlicher Tor-
heiten und habt die verschiedenen Gebäude der Religion durchlau-
fen von den sinnlosen Fabeln wilder Nationen bis zum verfeinert-
sten Deismus, von der rohen Superstition unseres Volkes bis zu den
übel zusammengenähten Bruchstücken von Metaphysik und Moral,
die man vernünftiges Christentum nennt, und habt sie alle ungereimt
und vernunftwidrig gefunden.

Ich bin weit entfernt, euch darin widersprechen zu wollen; viel-
mehr, wenn ihr es damit nur aufrichtig meint, daß die ausgebildet-
sten Religionssysteme diese Eigenschaften nicht weniger an sich tra-

gen als die rohesten, wenn ihr es nur einsehet, daß das Göttliche nicht in einer Reihe liegen kann, die sich auf beiden Seiten in etwas Gemeines und Verächtliches endigt, so will ich euch gern die Mühe erlassen, alle, welche dazwischen liegen, näher zu würdigen. Sie erscheinen alle als Übergänge und Annäherung zu den letzteren, jedes kommt etwas geschliffener aus der Hand seines Zeitalters, bis endlich die Kunst zu jenem vollendeten Spielwerk gestiegen ist, womit unser Jahrhundert sich so lange die Zeit verkürzt hat. Aber diese Vervollkommnung ist eher alles, nur nicht Annäherung zur Religion. Ich kann nicht ohne Unwillen davon reden; denn jammern muß es jeden, der Sinn hat für alles, was aus dem Innern des Gemüts hervorgeht, und dem es Ernst ist, daß jede Seite des Menschen gebildet und dargestellt werde, wie die hohe und herrliche von ihrer Bestimmung entfernt ist und ihre Freiheit verloren hat, um von dem scholastischen und metaphysischen Geist barbarischer und kalter Zeiten in einer verächtlichen Sklaverei gehalten zu werden. Wo sie ist und wirkt, muß sie sich so offenbaren, daß sie auf eine eigentümliche Art das Gemüt bewegt, alle Funktionen der menschlichen Seele vermischt oder vielmehr entfernt und alle Tätigkeit in ein staunendes Anschauen des Unendlichen auflöset. Wird euch so zumute bei diesen Systemen der Theologie, diesen Theorien vom Ursprung und Ende der Welt, diesen Analysen von der Natur eines unbegreiflichen Wesens, wo alles auf ein kaltes Argumentieren hinausläuft und nichts anders als im Ton eines gemeinen Schulstreites behandelt werden kann? In allen diesen Systemen, die ihr verachtet, habt ihr also die Religion nicht gefunden und nicht finden können, weil sie nicht da ist, und wenn euch gezeigt würde, daß sie anderswo wäre, so wäret ihr immer noch fähig, sie zu finden und zu ehren.

Warum seid ihr aber nicht mehr zu dem Einzelnen herabgestiegen? Ich bewundere eure freiwillige Unwissenheit, ihr gutmütigen Forscher, und eure allzuruhige Beharrlichkeit bei dem, was eben da ist und euch angepriesen wird! Was ihr in diesen Systemen nicht gefunden habt, das würdet ihr in den Elementen eben dieser Systeme haben sehen müssen, und zwar nicht eines oder des andern, sondern gewiß aller. In allen liegt etwas von diesem geistigen Stoffe gebunden, denn ohne ihn hätten sie gar nicht entstehen können; aber wer es nicht versteht, ihn zu entbinden, der behält, wie fein er sie auch zersplittere, wie genau er auch alles durchsuche, immer nur die tote kalte Masse in Händen. Die Anweisung, das Wahre und Richtige, welches ihr in der großen Masse nicht findet, in den ersten dem Anschein nach ungebildeten Momenten zu suchen, kann euch allen, die ihr mehr oder minder euch um die Philosophie bekümmert und mit ihren Schicksalen vertraut seid, doch nicht fremd scheinen.

Erinnert euch doch, wie wenige von denen, welche auf einem eigenen Wege in das Innere der menschlichen Natur und der Welt hin-
abgestiegen sind und ihr gegenseitiges Verhältnis, ihre innere Harmonie in einem eigenen Lichte angeschaut und dargestellt haben, ein
eigenes System der Philosophie bildeten, und ob nicht alle in einer
zarteren – sollte es auch sein zerbrechlicheren – Form ihre Entdek-
kungen mitgeteilt haben. Man hat aber doch Systeme von alten Schulen? Ja eben von den Schulen, die nichts anders sind als der Sitz
und die Pflanzstätte des toten Buchstabens, denn der Geist läßt sich
weder in Akademien festhalten, noch der Reihe nach in bereitwilli-
ge Köpfe ausgießen, er verdampft gewöhnlich auf dem Wege aus
dem ersten Munde in das erste Ohr. Würdet ihr nicht dem, welcher
die Verfertiger dieser großen Körper von Philosophie für die Philosophen selbst hielte und in ihnen den Geist der Wissenschaft finden
wollte, belehrend zurufen: Nicht also, guter Freund! In allen Dingen
haben die, welche nur nachtreten und zusammentragen und bei dem,
was ein Andrer gegeben hat, stehen bleiben, nicht den Geist der Sache, dieser ruht nur auf den Erfindern, und zu ihnen mußt du gehen.
Ihr werdet aber gestehen müssen, daß es mit der Religion um so
mehr dieselbe Sache ist, da sie sich ihrem ganzen Wesen nach von
allem Systematischen ebensoweit entfernt, als die Philosophie sich
von Natur dazu hinneigt. Bedenket doch, von wem diese künstlichen
Gebäude herrühren, deren Wandelbarkeit ihr verspottet, deren schlech-
tes Ebenmaß euch beleidigt, und deren Mißverhältniß gegen ihre
kleinliche Tendenz euch so lächerlich ist? Etwa von den Heroen der
Religion? Nennt mir doch unter allen denen, die irgendeine neue
Offenbarung heruntergebracht haben zu uns, einen Einzigen, von
dem an, der zuerst die eine und allgemeine Gottheit dachte – gewiß
der systematischste Gedanke im ganzen Gebiete der Religion – bis
zu dem neuesten Mystiker, in dem vielleicht noch ein ursprünglicher
Strahl des innern Lichtes glänzt (denn, daß ich der Buchstabentheo-
logen nicht erwähne, welche glauben, das Heil der Welt und das
Licht der Weisheit in einem neuen Kostüm ihrer Formeln oder in
neuen Stellungen ihrer figurierenden Beweise zu finden, das werdet
ihr mir nicht verdenken), nennt mir unter ihnen allen einen Einzigen, der es der Mühe wert geachtet hätte, sich mit dieser sisyphi-
schen Arbeit zu befassen. Nur einzelne erhabene Gedanken durch-
zücken ihre von einem ätherischen Feuer sich entzündende Seele, und
der magische Donner einer zauberischen Rede begleitete die hohe Erscheinung und verkündete dem anbetenden Sterblichen, daß die Gottheit gesprochen habe. Ein Atom, von einer überirdischen Kraft ge-
schwängert, fiel in ihr Gemüt, verähnlichte sich dort alles, dehnte
es allmächtig aus, und es zersprang dann wie durch ein göttliches

Schicksal in einer Welt, deren Atmosphäre ihm zu wenig Wider-
stand leistete, und brachte noch in seinen letzten Momenten eines
von jenen himmlischen Meteoren, von jenen bedeutungsvollen Zei-
chen der Zeit hervor, deren Ursprung niemand verkennt und die al-
le Irdischen mit Ehrfurcht erfüllen. Diese himmlischen Funken müßt
ihr aufsuchen, welche entstehen, wenn eine heilige Seele vom Uni-
versum berührt wird, ihr müßt sie belauschen in dem unbegreifli-
chen Augenblick, in welchem sie sich bildeten, sonst ergeht es euch
wie dem, der zu spät mit dem brennbaren Stoff das Feuer aufsucht,
welches der Stein dem Stahl entlockt hat, und dann nur ein kaltes,
unbedeutendes Stäubchen groben Metalles findet, an dem er nichts
mehr entzünden kann.

Ich fordere also, daß ihr von allem, was sonst Religion genannt
wird, absehend euer Augenmerk nur auf diese einzelnen Andeutun-
gen und Stimmungen richtet, die ihr in allen Äußerungen und edlen
Taten gottbegeisterter Menschen finden werdet.

Metaphysik und Moral sind nach Schleiermachers Meinung in die
Religion eingedrungen und es ist sein vornehmstes Anliegen, daß
die Religion nicht mit einer von diesen verwechselt wird: *Ich weiß,*
daß euer Instinkt euch das Gegenteil sagt, und es geht auch aus euren
Meinungen hervor; denn ihr gebt nie zu, daß sie mit dem festen
Tritte einhergeht, dessen die Metaphysik fähig ist, und ihr vergesset
nicht, fleißig zu bemerken, daß es in ihrer Geschichte eine Menge
garstiger unmoralischer Flecken gibt. Soll sie sich also unterscheiden,
so muß sie ihnen, ungeachtet des gleichen Stoffes, auf irgendeine
Art entgegengesetzt sein; sie muß diesen Stoff ganz anders behan-
deln, ein anderes Verhältnis der Menschen zu demselben ausdrük-
ken oder bearbeiten, eine andere Verfahrungsart oder ein anderes
Ziel haben: denn nur dadurch kann dasjenige, was dem Stoff nach
einem andern gleich ist, eine besondere Natur und ein eigentümliches
Dasein bekommen.

Er möchte seine Leser zu dem Bekenntnis führen, daß Metaphysik
und Moral nur untergeordnete Abteilungen der Religion sind. Dabei gibt er ohne weiteres zu, daß die Religion nie rein erscheint;
aber die Einmischung von Metaphysik und Moral muß kritisch er-
faßt werden.

Darum ist es Zeit, die Sache einmal beim andern Ende zu ergrei-
fen und mit dem schneidenden Gegensatz anzuheben, in welchem sich
die Religion gegen Moral und Metaphysik befindet. Das war es, was
ich wollte. Ihr habt mich mit eurem gemeinen Begriff gestört; er ist
abgetan, hoffe ich, unterbrecht mich nun nicht weiter.

Sie entsagt hiermit, um den Besitz ihres Eigentums anzutreten,
allen Ansprüchen auf irgend etwas, was jenen angehört, und gibt

Schleiermacher. Kupferstich von Heinrich Lips

alles zurück, was man ihr aufgedrungen hat. Sie begehrt nicht das
Universum seiner Natur nach zu bestimmen und zu erklären wie die
Metaphysik, sie begehrt nicht aus Kraft der Freiheit und der göttlichen Willkür des Menschen es fortzubilden und fertig zu machen
wie die Moral. Ihr Wesen ist weder Denken noch Handeln, sondern
Anschauung und Gefühl. Anschauen will sie das Universum, in seinen eigenen Darstellungen und Handlungen will sie es andächtig belauschen, von seinen unmittelbaren Einflüssen will sie sich in kindlicher Passivität ergreifen und erfüllen lassen. So ist sie beiden in al-

lem entgegengesetzt, was ihr Wesen ausmacht, und in allem, was ihre Wirkungen charakterisiert. Jene sehen im ganzen Universum nur den Menschen als Mittelpunkt aller Beziehungen, als Bedingung alles Seins und Ursache alles Werdens; sie will im Menschen nicht weniger als in allen andern Einzelnen und Endlichen das Unendliche sehen, dessen Abdruck, dessen Darstellung. Die Metaphysik geht aus von der endlichen Natur des Menschen und will aus ihrem einfachsten Begriff und aus dem Umfang ihrer Kräfte und ihrer Empfänglichkeit mit Bewußtsein bestimmen, was das Universum für ihn sein kann und wie er es notwendig erblicken muß. Die Religion lebt ihr ganzes Leben auch in der Natur, aber in der unendlichen Natur des Ganzen, des Einen und Allen; was in dieser alles Einzelne und so auch der Mensch gilt, und wo alles und auch er treiben und bleiben mag in dieser ewigen Gärung einzelner Formen und Wesen, das will sie in stiller Ergebenheit im Einzelnen anschauen und ahnen. Die Moral geht vom Bewußtsein der Freiheit aus, deren Reich will sie ins Unendliche erweitern und ihr alles unterwürfig machen; die Religion atmet da, wo die Freiheit selbst schon wieder Natur geworden ist; jenseits des Spiels seiner besondern Kräfte und seiner Personalität faßt sie den Menschen und sieht ihn aus dem Gesichtspunkte, wo er das sein muß, was er ist, er wolle oder wolle nicht. So behauptet sie ihr eigenes Gebiet und ihren eigenen Charakter nur dadurch, daß sie aus dem der Spekulation sowohl, als aus dem der Praxis gänzlich herausgeht, und indem sie sich neben beide hinstellt, wird erst das gemeinschaftliche Feld vollkommen ausgefüllt und die menschliche Natur von dieser Seite vollendet. Sie zeigt sich euch als das nötwendige und unentbehrliche Dritte zu jenen beiden, als ihr natürliches Gegenstück, nicht geringer an Würde und Herrlichkeit, als welches von ihnen ihr wollt.

Religion ist *Sinn und Geschmack fürs Unendliche.*

Anschauen des Universums, ich bitte, befreundet euch mit diesem Begriff, er ist der Angel meiner ganzen Rede, er ist die allgemeinste und höchste Formel der Religion, woraus ihr jeden Ort in derselben finden könnt, woraus sich ihr Wesen und ihre Grenzen aufs genaueste bestimmen lassen. Alles Anschauen gehet aus von einem Einfluß des Angeschauten auf den Anschauenden, von einem ursprünglichen und unabhängigen Handeln des Ersteren, welches dann von dem Letzteren seiner Natur gemäß aufgenommen, zusammengefaßt und begriffen wird. Wenn die Ausflüsse des Lichtes nicht – was ganz ohne eure Veranstaltung geschieht – euer Organ berührten, wenn die kleinsten Teile der Körper die Spitzen eurer Finger nicht mechanisch oder chemisch affizierten, wenn der Druck der Schwere euch nicht einen Widerstand und eine Grenze eurer Kraft offenbarte, so würdet

ihr nichts anschauen und nichts wahrnehmen, und was ihr also an-
schaut und wahrnehmt, ist nicht die Natur der Dinge, sondern ihr
Handeln auf euch. Was ihr über jene wißt oder glaubt, liegt weit
jenseits des Gebiets der Anschauung. So die Religion; das Univer-
sum ist in einer ununterbrochenen Tätigkeit und offenbart sich uns
jeden Augenblick. Jede Form, die es hervorbringt, jedes Wesen, dem
es nach der Fülle des Lebens ein abgesondertes Dasein gibt, jede
Begebenheit, die es aus seinem reichen, immer fruchtbaren Scho-
ße herausschüttet, ist ein Handeln desselben auf uns; und so alles
Einzelne als einen Teil des Ganzen, alles Beschränkte als eine Dar-
stellung des Unendlichen hinnehmen, das ist Religion; was aber dar-
über hinaus will und tiefer hineindringen in die Natur und Substanz
des Ganzen, ist nicht mehr Religion und wird, wenn es doch noch
dafür angesehen sein will, unvermeidlich zurücksinken in leere My-
thologie.

Ein wichtiges und wegweisendes Anliegen Schleiermachers geht
dahin, daß jeder religiöse Mensch sich dessen bewußt sein muß, daß
seine Religion nur ein Teil des Ganzen ist, daß es über dieselben
Gegenstände, die ihn religiös affizieren, Ansichten gibt, die ebenso
fromm sind, obwohl sie von den seinigen gänzlich verschieden sind.
Aus den Elementen der Religion können Anschauungen und Gefühle ausfließen, für die ihm selbst vielleicht gänzlich der Sinn fehlt.

Ihr seht, wie unmittelbar diese schöne Bescheidenheit, diese freund-
liche, einladende Duldsamkeit aus dem Begriff der Religion entspringt,
und wie innig sie sich an ihn anschmiegt. Wie unrecht wendet ihr
euch also an die Religion mit eueren Vorwürfen, daß sie verfolgungs-
süchtig sei und gehässig, daß sie die Gesellschaft zerrütte und Blut
fließen lasse wie Wasser. Klaget dessen diejenigen an, welche die Re-
ligion verderben, welche sie mit Philosophie überschwemmen und
sie in die Fesseln eines Systems schlagen wollen. Worüber denn in der
Religion hat man gestritten, Partei gemacht und Kriege entzündet?
Über die Moral bisweilen und über die Metaphysik immer, und bei-
de gehören nicht hinein. Die Philosophie wohl strebt diejenigen, wel-
che wissen wollen, unter ein gemeinschaftliches Wissen zu bringen,
wie ihr das täglich sehet, die Religion aber nicht diejenigen, welche
glauben und fühlen, unter Einen Glauben und Ein Gefühl. Sie strebt
wohl denen, welche noch nicht fähig sind, das Universum anzuschau-
en, die Augen zu öffnen, denn jeder Sehende ist ein neuer Priester,
ein neuer Mittler, ein neues Organ; aber eben deswegen flieht sie
mit Widerwillen die kahle Einförmigkeit, welche diesen göttlichen
Überfluß wieder zerstören würde. Die Systemsucht stößt freilich das
Fremde ab, sei es auch noch so denkbar und wahr, weil es die wohl-
geschlossenen Reihen des Eigenen verderben und den schönen Zu-

sammenhang stören könnte, in dem es seinen Platz forderte; in ihr ist der Sitz der Widersprüche, sie muß streiten und verfolgen; denn insofern das Einzelne wieder auf etwas Einzelnes und Endliches bezogen wird, kann freilich eins das andere zerstören durch sein Dasein; im Unendlichen aber steht alles Endliche ungestört nebeneinander, alles ist eins und alles ist wahr. Auch haben nur die Systematiker dies alles angerichtet ... Alles was ist, ist für sie notwendig, und alles, was sein kann, ist ihr ein wahres unentbehrliches Bild des Unendlichen; wer nur den Punkt findet, woraus seine Beziehung auf dasselbe sich entdecken läßt. Wie verwerflich auch etwas in andern Beziehungen oder an sich selbst sei, in dieser Rücksicht ist es immer wert, zu sein und aufbewahrt und betrachtet zu werden. Einem frommen Gemüte macht die Religion alles heilig und wert, sogar die Unheiligkeit und die Gemeinheit selbst, alles, was es faßt und nicht faßt, was in dem System seiner eigenen Gedanken liegt und mit seiner eigentümlichen Handelsweise übereinstimmt oder nicht; sie ist die einzige und geschworne Feindin aller Pedanterie und aller Einseitigkeit.

Man versteht Martin Kählers Bekenntnis, daß er als Student zweimal angesetzt habe, die *Reden* zu lesen und bei der zweiten Rede steckenblieb, ohne sie zu verstehen, um dann als reiferer Student noch einmal anzusetzen und von den *Reden* gepackt zu werden wie von wenigen anderen Büchern. Schleiermacher scheut keine Mühe, die Eigenständigkeit der Religion reflektierend aufzuweisen. Die breite zweite Rede gipfelt, nachdem vom Wunder, von Eingebungen, Offenbarungen und übernatürlichen Empfindungen die Rede war, in der Feststellung: *Alle diese Begriffe sind, wenn die Religion einmal Begriffe haben soll, die ersten und wesentlichsten; sie bezeichnen auf die eigentümlichste Art das Bewußtsein eines Menschen von seiner Religion; sie sind umso wichtiger deswegen, weil sie nicht nur etwas bezeichnen, was allgemein sein darf in der Religion, sondern gerade dasjenige, was allgemein sein muß in ihr. Ja, wer nicht eigne Wunder sieht auf seinem Standpunkt zur Betrachtung der Welt, in wessen Innern nicht eigene Offenbarungen aufsteigen, wenn seine Seele sich sehnt, die Schönheit der Welt einzusaugen und von ihrem Geiste durchdrungen zu werden; wer nicht hie und da mit der lebendigsten Überzeugung fühlt, daß ein göttlicher Geist ihn treibt, und daß er aus heiliger Eingebung redet und handelt; wer sich nicht wenigstens – denn dies ist in der Tat der geringste Grad – seiner Gefühle als unmittelbarer Einwirkungen des Universums bewußt ist und etwas Eignes in ihnen kennt, was nicht nachgebildet sein kann, sondern ihren reinen Ursprung aus seinem Innersten verbürgt, der hat keine Religion. Glauben, was man gemeinhin so nennt, anneh-*

men, was ein Anderer getan hat, nachdenken und nachfühlen wollen, was ein Anderer gedacht und gefühlt hat, ist ein harter und unwürdiger Dienst, und statt das höchste in der Religion zu sein, wie man wähnt, muß er gerade abgelegt werden von jedem, der in ihr Heiligtum dringen will. Ihn haben und behalten wollen, beweist, daß man der Religion unfähig ist; ihn von andern fordern, zeigt, daß man sie nicht versteht. Ihr wollt überall auf euren eignen Füßen stehen und euren eignen Weg gehen, aber dieser würdige Wille schrecke euch nicht zurück von der Religion. Sie ist kein Sklavendienst und keine Gefangenschaft; auch hier sollt ihr euch selbst angehören, ja dies ist sogar die einzige Bedingung, unter welcher ihr ihrer teilhaftig werden könnt. Jeder Mensch, wenige Auserwählte ausgenommen, bedarf allerdings eines Mittlers, eines Anführers, der seinen Sinn für Religion aus dem ersten Schlummer wecke und ihm eine erste Richtung gebe, aber dies soll nur ein vorübergehender Zustand sein; mit eignen Augen soll dann jeder sehen und selbst einen Beitrag zutage fördern zu den Schätzen der Religion, sonst verdient er keinen Platz in ihrem Reich und erhält auch keinen.

Die Gottheit selbst kann für Schleiermacher nichts anderes sein als eine einzelne religiöse Anschauungsart, von der wie von jeder anderen die übrigen unabhängig sind. Hier umschreibt Schleiermacher nun näher seinen Begriff von Gott, der von der Kritik angegriffen wurde.

Religion haben heißt das Universum anschauen, und auf der Art, wie ihr es anschauet, auf dem Prinzip, welches ihr in seinen Handlungen findet, beruht der Wert eurer Religion. Wenn ihr nun nicht leugnen könnt, daß sich die Idee von Gott zu jeder Anschauung des Universums bequemt, so müßt ihr auch zugeben, daß eine Religion ohne Gott besser sein kann, als eine andre mit Gott.

Das Universum stellt sich in seinen Handlungen dem rohen Menschen, der nur eine verwirrte Idee vom Ganzen und Unendlichen hat und nur einen dunkeln Instinkt, als eine Einheit dar, in der nichts Mannigfaltiges zu unterscheiden ist, als ein Chaos gleichförmig in der Verwirrung, ohne Abteilung, Ordnung und Gesetz, woraus nichts Einzelnes gesondert werden kann, als indem es willkürlich abgeschnitten wird in Zeit und Raum. Ohne den Drang es zu beseelen, repräsentiert ihm ein blindes Geschick den Charakter des Ganzen; mit diesem Drang wird sein Gott ein Wesen ohne bestimmte Eigenschaften, ein Götze, ein Fetisch, und wenn er mehrere annimmt, so sind sie durch nichts zu unterscheiden als durch die willkürlich gesetzten Grenzen ihres Gebiets. Auf einer andern Stufe der Bildung stellt sich das Universum dar als eine Vielheit ohne Einheit, als ein unbestimmtes Mannigfaltiges heterogener Elemente und Kräf-

te, deren beständiger und ewiger Streit seine Erscheinungen bestimmt. Nicht ein blindes Geschick bezeichnet seinen Charakter, sondern eine motivierte Notwendigkeit, in welcher die Aufgabe liegt, nach Grund und Zusammenhang zu forschen, mit dem Bewußtsein, ihn nie finden zu können. Wird zu diesem Universum die Idee eines Gottes gebracht, so zerfällt sie natürlich in unendlich viele Teile, jede dieser Kräfte und Elemente, in denen keine Einheit ist, wird besonders beseelt, Götter entstehen in unendlicher Anzahl, unterscheidbar durch verschiedene Objekte ihrer Tätigkeit, durch verschiedene Neigungen und Gesinnungen. Ihr müßt zugeben, daß diese Anschauung des Universums unendlich würdiger ist als jene, werdet ihr nicht auch gestehen müssen, daß derjenige, der sich bis zu ihr erhoben hat, aber sich ohne die Idee von Göttern vor der ewigen und unerreichbaren Notwendigkeit beugt, dennoch mehr Religion hat als der rohe Anbeter eines Fetisches? Nun laßt uns höher steigen, dahin, wo alles Streitende sich wieder vereinigt, wo das Universum sich als Totalität, als Einheit in der Vielheit, als System darstellt und so erst seinen Namen verdient; sollte nicht der, der es so anschaut als Eins und Alles, auch ohne die Idee eines Gottes, mehr Religion haben, als der gebildetste Polytheist? Sollte nicht Spinoza ebensoweit über einem frommen Römer stehen, als Lukrez über einem Götzendiener? ...

Welche von diesen Anschauungen des Universums ein Mensch sich zueignet, das hängt ab von seinem Sinn fürs Universum, das ist der eigentliche Maßstab seiner Religiosität; ob er zu seiner Anschauung einen Gott hat, das hängt ab von der Richtung seiner Phantasie. In der Religion wird das Universum angeschaut, es wird gesetzt als ursprünglich handelnd auf den Menschen. Hängt nun eure Phantasie an dem Bewußtsein eurer Freiheit, so daß sie es nicht überwinden kann, dasjenige, was sie als ursprünglich wirkend denken soll, anders als in der Form eines freien Wesens zu denken: wohl, so wird sie den Geist des Universums personifizieren, und ihr werdet einen Gott haben; hängt sie am Verstande, so daß es euch immer klar vor Augen steht, Freiheit habe nur Sinn im Einzelnen und fürs Einzelne: wohl, so werdet ihr eine Welt haben und keinen Gott. Ihr, hoffe ich, werdet es für keine Lästerung halten, daß Glaube an Gott abhängt von der Richtung der Phantasie. Ihr werdet wissen, daß Phantasie das Höchste und Ursprünglichste ist im Menschen, und außer ihr alles nur Reflexion über sie. Ihr werdet es wissen, daß eure Phantasie es ist, welche für euch die Welt erschafft, und daß ihr keinen Gott haben könnt ohne Welt. Auch wird er dadurch niemandem ungewisser werden, noch wird sich jemand von der fast unabänderlichen Notwendigkeit, ihn anzunehmen, um desto besser losmachen, weil er darum weiß, woher ihm diese Notwendigkeit kommt.

In der Religion also steht die Idee von Gott nicht so hoch, als ihr meint; auch gab es unter wahrhaft religiösen Menschen nie Eiferer, Enthusiasten oder Schwärmer für das Dasein Gottes; mit großer Gelassenheit haben sie das, was man Atheismus nennt, neben sich gesehen, und es hat immer etwas gegeben, was ihnen irreligiöser schien als dieses. Auch Gott kann in der Religion nicht anders vorkommen als handelnd, und göttliches Leben und Handeln des Universums hat noch niemand geleugnet, und mit dem seienden und gebietenden Gott hat sie nichts zu schaffen, so wie ihr Gott den Physikern und Moralisten nichts frommt, deren traurige Mißverständnisse dies eben sind und immer sein werden. Der handelnde Gott der Religion kann aber unsere Glückseligkeit nicht verbürgen; denn ein freies Wesen kann nicht anders wirken wollen auf ein freies Wesen, als nur daß es sich ihm zu erkennen gebe, einerlei ob durch Schmerz oder Lust. Auch kann er uns zur Sittlichkeit nicht reizen, denn er wird nicht anders betrachtet als handelnd, und auf unsere Sittlichkeit kann nicht gehandelt und kein Handeln auf sie kann gedacht werden.

Aber Schleiermacher sieht doch schon einige bedeutende Gestalten als von den Geheimnissen der Religion Eingeweihte, und darum kann er auch von religiöser Geselligkeit und ihrer idealen Verwirklichung sprechen. Außerordentlich kritisch würdigt Schleiermacher in diesem Zusammenhang das Band zwischen der wahren Kirche und der äußeren Religionsgesellschaft.

Daß eine Gesellschaft ... welche mit einer Demut Wohltaten empfängt, die ihr zu nichts dienen, und mit kriechender Bereitwilligkeit Lasten übernimmt, die sie ins Verderben stürzen, welche sich mißbrauchen läßt von einer fremden Macht, welche ihre Freiheit und Unabhängigkeit, die ihr doch angeboren ist, fahren läßt für einen leeren Schein, welche ihren hohen und erhabnen Zweck aufgibt, um Dingen nachzugehn, die ganz außer ihrem Wege liegen, daß dies nicht eine Gesellschaft von Menschen sein kann, die ein bestimmtes Streben haben und genau wissen, was sie wollen, das, denke ich, springt in die Augen; und diese kurze Hinweisung auf die Begebenheiten der kirchlichen Gesellschaft ist, denke ich, der beste Beweis davon, daß sie nicht die eigentliche Gesellschaft der religiösen Menschen ist, daß höchstens einige Partikeln von dieser mit ihr vermischt waren, überschüttet von fremden Bestandteilen, und daß das Ganze, um den ersten Stoff dieses unermeßlichen Verderbens aufzunehmen, schon in einem Zustande krankhafter Gärung sein mußte, in welcher die wenigen gesunden Teile bald gänzlich entwichen. Voll heiligen Stolzes hätte die wahre Kirche Gaben verweigert, die sie nicht brauchen konnte, wohl wissend, daß diejenigen, welche die Gottheit ge-

Friedrich Samuel Gottfried Sack

funden haben und sich ihrer gemeinschaftlich erfreuen, in ihrer rei-
nen Geselligkeit, in der sie nur ihr innerstes Dasein ausstellen und
mitteilen wollen, eigentlich nichts gemein haben, dessen Besitz ihnen
geschützt werden müßte durch eine weltliche Macht, daß sie nichts
brauchen auf Erden und auch nichts brauchen können als eine Spra-
che, um sich zu verstehn, und einen Raum, um beieinander zu sein,
Dinge, zu denen sie keiner Fürsten und ihrer Gunst bedürfen ... Hin-
weg also mit jeder solchen Verbindung zwischen Kirche und Staat!
– das bleibt mein Catonischer Ratspruch bis ans Ende, oder bis ich
es erlebe, sie wirklich zertrümmert zu sehen. Hinweg mit allem, was
einer geschlossenen Verbindung der Laien und Priester unter sich
oder miteinander auch nur ähnlich sieht!

Eine rein philosophische Religionsansicht lehnte Schleiermacher ab.
Er führte deshalb die Geschichte und die Frage nach der Wahrheit
der Religion ein. In der fünften und letzten Rede ist Zielpunkt der
Argumentation die Verkündigung des Mittlers.

Denn wenn ihr nun, wie ich hoffe, ein günstigeres Urteil über die
Religion überhaupt fällt, wenn Ihr einseht, daß ihr eine besondere

und edle Anlage im Menschen zu Grunde liegt, die folglich auch, wie sie sich zeigt, gebildet werden muß: so kann es Euch doch nicht zuwider sein, sie in den bestimmten Gestalten anzuschauen, in denen sie schon wirklich erschienen ist, und Ihr müßt vielmehr diese umso lieber Eurer Betrachtung würdigen, je mehr das Eigentümliche und Unterscheidende der Religion in ihnen ausgebildet ist.

Die Gottesvorstellung mit ihrem pantheistischen Schein hat bei dem Zensor der Schrift, dem der Verfasser nicht verborgen blieb, schwere Bedenken erregt. Oberkonsistorialrat Sack fand in den *Reden* den Pantheismus Spinozas. Er sprach seine zweifellos auch für andere Kritiker charakteristischen Bedenken in einem ausführlichen persönlichen Schreiben aus: «Sie wissen, mein teuerster Schleiermacher, wie hoch ich Sie von Anfang unsrer Bekanntschaft an geschätzt habe, und ich darf nicht daran zweifeln, daß Sie mich unter Ihre aufrichtigsten Freunde gezählt haben. Die Talente, die Ihnen Gott verliehen, die schönen Kenntnisse, die Sie sich erworben, und der rechtschaffene Sinn, den ich an Ihnen wahrnahm, erwarben Ihnen meine Hochachtung und mein Herz; und ließen mich wünschen, daß Sie sich als einen der vertrauteren Freunde meines Hauses ansehen möchten. Es gab nur eine Seite in Ihrer Denkungsweise und in Ihrer Lebensart, die meinen Begriffen und meinem Gefühle von Schicklichkeit entgegen war. Den Geschmack, den Sie an vertrauteren Verbindungen mit Personen von verdächtigen Grundsätzen und Sitten zu finden schienen, konnte ich mit meinen Vorstellungen von dem, was ein Prediger sich und seinen Verhältnissen schuldig ist, nicht vereinen. Sie wissen, daß ich Ihnen einen Zweifel darüber nicht verschwieg, und wenn Sie auch meine Meinung nicht gebilligt haben, haben Sie gewiß meine Offenherzigkeit nicht getadelt. Ihr Werk über die Religion erschien. Als ich einen Teil der ersten Rede im Manuscript gelesen hatte, machte ich mir die angenehme Vorstellung, daß die Schrift eines Mannes von Geist der Religion Verehrer und Freunde unter denen, die sie bloß verkennen, gewinnen würde; und daß sie in keiner andern Absicht als in dieser geschrieben sei. Sie erinnern sich ohne Zweifel, mit welcher Lebhaftigkeit ich Ihnen meine Freude und meine Hoffnung zu erkennen gegeben habe; die Folge hat mich inzwischen zu bald gelehrt, wie gröblich ich mich getäuscht hatte. Ich kann das Buch, nachdem ich es bedachtsam durchgelesen habe, leider für nichts weiter erkennen, als für eine geistvolle Apologie des Pantheismus, für eine rednerische Darstellung des Spinozistischen Systems. Da gestehe ich Ihnen nun ganz freimütig, daß dieses System mit allemdem, was mir bisher Religion geheißen hat und gewesen ist, ein Ende zu machen scheint, und ich die dabei zum Grunde liegende Theorie für die trostloseste sowohl als verderblichste halte, und sie auf keine Art und Weise weder mit dem gesunden Verstande noch mit den Bedürfnissen der moralischen Natur des Menschen in irgendeine Art von Vereinigung zu bringen weiß. Eben so wenig begreife ich, wie ein Mann, der einem solchen Systeme anhängt, ein redlicher Lehrer des Christentums sein könne; denn keine Kunst der Sophistik und der Beredsamkeit wird irgendeinen vernünftigen Menschen jemals überzeugen können, daß der Spinozismus und christliche Religion mit einander bestehen könnten... Ich kann mir denken, daß ein Spinoza in sich selbst ruhig und vielleicht auch glücklich gewesen sei; aber daß er es als ein bestellter Lehrer der christlichen Religion, und wenn er öffentlich gerade das Gegenteil von seiner Philosophie hätte lehren müssen, gewesen sein würde, daran zweifle ich. Ehre macht es ihm daher, daß er seiner Armut ungeachtet den ihm angebotenen Lehrstuhl in Heidelberg ausschlug. Doch vielleicht haben Sie sich darüber einen mir unbekannten Grundsatz gemacht, und halten es nicht für Unrecht, die religiöse Gegenstände bezeichnenden Worte zu gebrauchen, obgleich Sie den Sinn, der nach dem allgemeinen Sprachgebrauch damit verbunden wird, für Unsinn halten. Nach der Klugheit einiger neuen Philosophen ist es erlaubt und ratsam, den Wörtern G o t t, R e l i g i o n, V o r s e h u n g, k ü n f t i g e s L e b e n noch eine Zeitlang ihren Platz zu gönnen und ihnen nach und nach andre Begriffe unterzulegen, bis man sie nicht mehr nötig haben wird und sie ohne alle Gefahr weglassen kann.

Meiner Ansicht der Sache nach hat Sie, mein teuerster Herr Prediger, das Verlangen, sich einen neuen Weg zu bahnen, und die Scheu vor dem was gemein ist, verbunden mit speculativem Scharfsinn und blühender Einbildungskraft, auf einen Abweg, und meiner innigsten Überzeugung nach, auf einen unglücklichen Abweg verleitet. Es von Ihnen zu denken, ohne es Ihnen zu sagen, scheint mir der Pflicht der Freundschaft, und dem was ich sonst Ihnen und mir schuldig bin, entgegen. Ich weiß sehr wohl, daß diese Erklärung meiner Unübereinstimmung mit Ihnen in dem, was ich für das heiligste und angelegentlichste des Menschen erkenne, gar nichts dazu beitragen kann Ihre Meinungen und Gedanken irgend etwas zu verändern. Ich weiß auch, daß in dem Zirkel in welchem Sie leben, Männer wie ich für Schwachsinnige gehalten werden, deren Urteil gegen die Kraft- und Machtsprüche solcher, die selbst auf einen L e i b n i z, L o c k e, G a r v e, E n g e l usw. als auf armselige Halbköpfe herabschauen, gar kein Gewicht hat. Aber der Himmel weiß, daß ich auch dieses nicht schreibe, um Sie zu einer andern Meinung zu bringen, sondern nur um Sie nicht in Ungewißheit zu lassen, welches die meinige sei. Ich will durchaus niemanden verachten, ver-

Baruch, gen. Benedictus de Spinoza

ketzern und verdammen, aber ich verachte, verketzere und verdamme unverhohlen die nach meinen Einsichten verabscheuungswerte (sogenannte) Philosophie, die an der Spitze des Universums kein sich selbst bewußtes, weises und gütiges Wesen anerkennt, die mich zu dem Geschöpf einer Allmacht und Weisheit macht, die nirgends ist und überall; die mir die edle Freude, das unvertilgbare süße Bedürfniß rauben möchte, meine Augen dankbar zu einem Wohltäter aufzuheben, die unter meinen Leiden mir den Trost grausam entzieht, daß ein Zeuge meiner schmerzhaften Gefühle da sei, und ich unter der Regierung einer auch auf mein Wohl bedachten Güte leide.»

Schleiermacher hat zu diesem Votum protestierend Stellung bezogen (Brief vom Juni 1801). Besser als jeder Kommentar der *Reden* umreißt er hier selbst seinen Standpunkt folgendermaßen: *Es sollte eine Apologie des Pantheismus, eine Darstellung der spinozistischen Philosophie sein. Etwas, wovon nur beiläufig auf wenigen*

Seiten die Rede war, sollte die Hauptsache sein? ... Sie sagen, ich sei ein Pantheist; diesem System sei die Religion ganz entgegengesetzt, und zugleich sagen Sie, ich rede von den entgegengesetzten Vorstellungsarten mit wegwerfender Verachtung! Habe ich denn von der Religion, in welchem Sinne Sie das Wort auch nehmen, habe ich von dem Glauben an einen persönlichen Gott mit Verachtung geredet? Gewiß nirgend. Ich habe nur gesagt, daß die Religion davon nicht abhänge, ob man im abstrakten Denken der unendlichen übersinnlichen Ursache der Welt das Prädikat der Persönlichkeit beilege oder nicht. Hiervon habe ich, obgleich so wenig als irgend jemand Spinozist, den Spinoza als Beispiel angeführt, weil in seiner Ethik durchaus eine Gesinnung herrscht, die man nicht anders als Frömmigkeit nennen kann. Von dem Faktum, daß einige Menschen Gott die Persönlichkeit beilegen, andre nicht, habe ich den Grund in einer verschiedenen Richtung des Gemüts aufgezeigt, und zugleich daß keine von beiden die Religion hindere ... Mein Endzweck ist gewesen, in dem gegenwärtigen Sturm philosophischer Meinungen die Unabhängigkeit der Religion von jeder Metaphysik recht darzustellen und zu begründen.

Friedrich Schlegel empfand die Grenze der *Reden* in ihrem subjektiven Charakter und im Mangel an geschichtlichen Studien. Begeisterung und Kritik sprach er in einem Sonett aus:

> Es sieht der Musen Freund die offne Pforte
> Des großen Tempels sich auf Säulen heben.
> Und wo Pilasten ruhn und Kuppeln streben,
> Naht er getrost dem kunstgeweihten Orte.
>
> Drin tönt Musik dem Frager Zauberworte,
> Daß er geheiligt fühlt unendlich Leben,
> Und muß im schönen Kreise ewig schweben,
> Vergißt der Fragen leicht und armen Worte.
>
> Doch plötzlich scheints, als wollten Geister gerne
> Den schon Geweihten höhre Weihe zeigen,
> Getäuscht die Fremden lassen in der Blöße;
>
> Der Vorhang reißt und die Musik muß schweigen,
> Der Tempel auch verschwand und in der Ferne
> Zeigt sich die alte Sphinx in Riesengröße.

August Wilhelm Schlegel stimmte dem Redner zu. Tief innerlich beeindruckt war Hardenberg, der unmittelbar unter ihrem Eindruck «Die Christenheit oder Europa» (1799) schrieb und leider bald darauf starb. Von allen Zeitgenossen stand er Schleiermachers Streben wohl am nächsten. Fichte lehnte die *Reden* als schwerverständlich ab und bezeichnete sie Schelling gegenüber sogar als «verworrenen Spinozismus». Schelling fand erst 1801 ein positives Verhältnis zu den *Reden* und äußerte über den Autor: «Ich ehre jetzt den Verfasser als einen Geist, den man nur auf der ganz gleichen Linie mit den ersten Originalphilosophen betrachten kann.» Goethe rühmte wohl die Bildung und Vielseitigkeit des Verfassers, fand aber den Stil nachlässig und die Reli-

Georg Wilhelm Friedrich Hegel. Gemälde von Jack Schlesinger

gion zu christlich; «das Ganze endigte in einer gesunden und fröhlichen Abneigung». Hegel würdigte das Werk bei allem sachlichen Gegensatz in einem Aufsatz als bedeutende Leistung. Männer wie Claus Harms und Henrik Steffens empfingen von den *Reden* den «Anstoß zu einer ewigen Bewegung» (so Harms in Aufnahme eines Wortes von Jung-Stilling). Die Folgen der *Reden* für die Theologie waren unabsehbar. Die neue Sicht der Religion brachte auch eine neue Auffassung vom Prediger als dem «Virtuosen der Religion» und von der Kirche als Gemeinschaft derer, die Religion haben, mit sich. Schleiermacher protestierte unüberhörbar gegen die Verquickung von Kirche und Staat. Die Kirche sollte ganz den privaten Charakter zurückgewinnen und auf alle äußeren Privilegien verzichten. In der 4. Rede ruft er aus: *Ja, wir warten am Ende unserer künstlichen Bildung einer Zeit, wo es keiner andern vorbereitenden Gesellschaft für die Religion bedürfen wird als der frommen Häuslichkeit. Jetzt seufzen Millionen von Menschen beider Geschlechter und aller Stände unter dem Druck mechanischer und unwürdiger Arbeiten. Die ältere Generation erliegt unmutig und überläßt mit verzeihlicher Trägheit die jüngere in allen Dingen fast dem Zufall, nur darin nicht, daß sie gleich nachahmen und lernen muß dieselbe Erniedrigung. Das ist die Ursache, warum sie den freien und offenen Blick nicht gewinnen, mit dem allein man das Universum findet. Es gibt kein größeres Hindernis der Religion als dieses, daß wir unsere eigenen Sklaven sein müssen, denn ein Sklave ist jeder, der etwas verrichten muß, was durch tote Kräfte sollte bewirkt werden können. Das hoffen wir von der Vollendung der Wissenschaften und Künste, daß sie uns die toten Kräfte werden dienstbar machen, daß sie die körperliche Welt und alles von der geistigen, was sich regieren läßt, in einen Feenpalast verwandeln werde, wo der Gott der Erde nur ein Zauberwort auszusprechen, nur eine Feder zu drücken braucht, wenn geschehen soll, was er gebeut. Dann erst wird jeder Mensch ein Freigeborener sein, dann ist jedes Leben praktisch und beschaulich zugleich, über keinen hebt sich der Stecken des Treibers, und jeder hat Ruhe und Muße, sich die Welt zu betrachten.*

Schleiermacher hat die *Reden* 1806, 1821 und 1831 überarbeitet herausgegeben. Die zweite Auflage läßt das positive Christentum deutlicher hervortreten und hebt statt der Anschauung des Universums mehr den Begriff des Gefühls hervor, was ihm 1822 die scharfe Polemik Hegels eintrug, die in der bissigen Bemerkung gipfelte: «Gründet sich die Religion im Menschen nur auf ein Gefühl, so hat solches richtig keine weitere Bestimmung, als das Gefühl seiner Abhängigkeit zu sein, und so wäre der Hund der beste Christ, denn er trägt dieses am stärksten in sich und lebt vornehmlich in diesem Gefühle.» In die Zeit der Abfassung der *Reden* fällt eine erste Predigtsammlung, die 1801 erschien. Der Verfasser der *Reden* meidet als Prediger deren schwierige Terminologie; was er dort *Universum* nennt, heißt hier unbefangen *Gott*. Der Prediger formuliert den Grundsatz: *Wir können nicht anders als menschlicher Weise von Gott denken und reden.*

Den *Reden* stellte Schleiermacher noch 1799 eine ethische Abhandlung zur Seite. Er begann mit der Ausarbeitung an seinem 31. Geburtstag. Zu Neujahr 1800 erschienen die *Monologen* wiederum anonym, diesmal bei Chr. S. Spener in Berlin. Wieder spricht Schleiermacher ganz persönlich den Leser an: *Keine köstlichere Gabe vermag der Mensch dem Menschen anzubieten, als was er im Innersten des Gemütes zu sich selbst geredet hat: denn sie gewährt ihm das Größte was es gibt, in ein freies Wesen den offenen ungestörten Blick. Keine ist beständiger: denn nichts zerstört dir den Genuß, den einmal dir das Anschauen gewährt hat, und die innere Wahrheit sichert dir deine Liebe, daß du sie gern wieder betrachtest ... Nimm hin die Gabe, der du das Denken meines Geistes verstehen magst! Es begleite dein Gesang das laute Spiel meiner Gefühle, und der Schlag, der dich durchdringt bei der Berührung meines Gemütes, werde auch deiner Lebenskraft ein erfrischender Reiz.*

Das Grundwort in den *Monologen* heißt Freiheit. Die Befreiung vom spinozistischen Determinismus verdankte er vor allem Fichte. In dem in Freiheit sich betrachtenden und handelnden sittlichen Menschen werden Erkennen und Begehren, das äußere Handeln und das innere Anschauen desselben zu einem Vorgang vereinigt. Der Maßstab, an dem die *freie Bewegung* sich orientiert, ist der Begriff der Individualität. Schleiermacher hatte schon in Herrnhut Anregungen für die Ausbildung des Individualitätsprinzips erhalten; hinzu kamen die Einflüsse des romantischen Kreises, in dem er sich jetzt bewegte. Schleiermacher tritt in den *Monologen* für ein bildendes Ethos ein, das in der Gemeinschaft seinen Nährboden und seinen Gegenstand hat. Im Leben selbst ist alle Wahrheit verborgen, in unserem Dasein will sie aufbrechen und eine Macht werden. Wird der *sinnliche Mensch* lediglich durch die äußeren Verhältnisse bestimmt, so wird der wahre Mensch in der Betrachtung des geheimnisvollen Geschehens zu sich selbst geführt und seines Berufs zum höheren Leben bewußt. Schleiermacher ist zugleich Philosoph der Individualität und der Gemeinschaft. Enthalten die *Reden* in prophetischer Gestalt die Grundidee der späteren Glaubenslehre Schleiermachers, so die *Monologen* den Grundgedanken seiner Sittenlehre. Sie haben Schleiermacher besonders viele Freunde zugeführt. Auch Schleiermachers Schwester Charlotte gewann die *Monologen* lieb, und bei ihren Freundinnen in Gnadenfrei erhielt Schleiermacher den Namen «der Erhabene». Auf Rügen sammelte sich um die kleine Schrift ein dankbarer Freundeskreis. Vielleicht sind die *Monologen* auch Schleiermachers schönste und reifste Arbeit. Man meditiere diesen Abschnitt:

Nur für den gibt's Freiheit und Unendlichkeit, der weiß, was Welt ist und was Mensch, der klar das große Rätsel, wie beide zu scheiden sind, und wie sie ineinander wirken, sich gelöst; ein Rätsel in dessen alten Finsternissen tausend noch untergehen, und sklavisch, weil das eigene Licht verloschen, dem trügerischen Scheine folgen müssen. Was sie Welt nennen, ist mir Mensch, was sie Mensch nennen, ist mir Welt. Welt ist ihnen stets das erste, und der Geist ein kleiner Gast nur auf der Welt, nicht sicher seines Orts und seiner Kräfte. Mir ist der Geist das erste und das einzige: denn was ich als Welt erkenne, ist sein schönstes Werk, sein selbstgeschaffener Spiegel ... Was Welt zu nennen ich würdi e, ist nur die ewige Gemeinschaft der Geister, ihr Einfluß aufeinan er, ihr gegenseitig Bilden, die hohe Harmonie der Freiheit. Nur das unendliche All der Geister setz' ich mir dem Endlichen und Einzelnen entgegen. Dem nur verstatt' ich zu verwandeln und zu bilden die Oberfläche meines Wesens, um auf mich einzuwirken. Hier, und nur hier ist der Notwendig-

*keit Gebiet. Mein Tun ist frei, nicht so mein Wirken in der Welt,
das folget ewigen Gesetzen. Es stößt die Freiheit an der Freiheit
sich, und was geschieht, trägt der Beschränkung und Gemeinschaft
Zeichen. Ja, du bist überall das erste, heilige Freiheit! Du wohnst
in mir, in allen; Notwendigkeit ist außer uns gesetzt, ist der bestimmte Ton vom schönen Zusammenstoß der Freiheit, der ihr Dasein verkündet. Mich kann ich nur als Freiheit anschauen; was notwendig ist, ist nicht mein Tun, es ist sein Widerschein, es ist die
Anschauung der Welt, die in der heiligen Gemeinschaft mit allen
ich erschaffen helfe ... So bist du Freiheit mir in allem das ursprüngliche, das erste und das innerste.*

Die *Monologen* zeigen einen ethisch abgeklärten Individualismus.
Aber an Schleiermacher trat nun auch die Verlockung eines unge-
bändigten Individualismus heran. 1798 erschien in der Zeitschrift
«Athenäum» ein Aufsatz über die *Idee zu einem Katechismus der
Vernunft für edle Frauen*. Hinter den zehn Artikeln des Aufsatzes
steht zweifellos Schleiermacher, mag er vielleicht auch nur die End-
redaktion übernommen haben und die ursprüngliche Idee von Henriette Herz stammen. Anlaß zu den Gedanken war wohl das freund-
schaftliche Verhältnis zwischen Friedrich Schlegel und Dorothea Veit,
aus dem bald eine offene Liebesbeziehung wurde, die sich über die
Ehe der Veit als bloße Konvention hinwegsetzte.

Die zehn Gebote in diesem Katechismus lauteten:

I *Du
sollst keinen Geliebten haben
neben ihm:
aber du sollst Freundin sein können,
ohne in das Kolorit der Liebe
zu spielen und zu kokettieren
oder anzubeten.*

II *Du
sollst dir kein Ideal machen,
weder eines Engels im Himmel,
noch eines Helden aus einem Gedicht
oder Roman,
noch eines selbstgeträumten
oder phantasierten;
sondern du sollst einen Mann lieben,
wie er ist.
Denn sie, die Natur, deine Herrin,
ist eine strenge Gottheit,*

welche die Schwärmerei der Mädchen
heimsucht an den Frauen
bis ins dritte und vierte Zeitalter
ihrer Gefühle.

III Du
sollst von den Heiligtümern der Liebe
auch nicht das kleinste mißbrauchen:
denn die wird ihr zartes Gefühl
verlieren,
die ihre Gunst entweiht
und sich hingibt für Geschenke
und Gaben,
oder um nur in Ruhe und Frieden
Mutter zu werden.

IV M e r k e
auf den Sabbath deines Herzens,
daß du ihn feierst,
und wenn sie dich halten,
so mache dich frei
oder gehe zu Grunde.

V E h r e
die Eigentümlichkeiten
und die Willkür deiner Kinder,
auf daß es ihnen wohlgehe
und sie kräftig leben auf Erden.

VI Du
sollst nicht absichtlich lebendig machen.

VII Du
sollst keine Ehe schließen,
die gebrochen werden müßte.

VIII Du
sollst nicht geliebt sein wollen,
wo du nicht liebst.

IX Du
sollst nicht falsch Zeugnis ablegen
für die Männer;

du sollst ihre Barbarei nicht
beschönigen mit Worten
und Werken.

X   *L a ß*
dich gelüsten nach der Männer Kunst,
Weisheit und Ehre.

Schleiermacher wollte später von seinen Maximen nichts mehr
wissen. Kein Wunder, denn er ermutigt in ihnen den zur wahren
Liebe Erwachten und durch die Ehe mit einem anderen ungeliebten
Menschen Gebundenen zur Scheidung. 1818 hat Schleiermacher diese Meinung in den Predigten über den christlichen Hausstand wi-
derrufen und die Scheidung unbedingt abgelehnt. Wenn sie doch
durchgeführt werde, dann um des *Herzens Härtigkeit.* – Als Schlegel in seinem Roman «Lucinde» sein persönliches Schicksal und
manche unausgereiften Gedanken zur Kritik der Moral in einer auch
ästhetisch nicht gelungenen Form der Öffentlichkeit preisgab, fielen
seine Gegner mit zum Teil pharisäischem Urteil über ihn her. Schleiermacher sah in dieser Reaktion nur bis zur Raserei verblendeten
Parteigeist, ja meinte, daß einige *für die Verletzung der Decenz nicht
die Valuta in baarem Sinnenkitzel* empfangen hätten. In Schlegels
Werk sah er durchaus *Vortreffliches* und nahm darin einen *eigen-*
tümlichen, gewiß großen Geist wahr. *Vorausgesetzt, daß nur alles*
an sich gut und schön ist, so muß jeder leben, wie ihm zumute ist,
und dichten, was ihm die Götter eingeben... Wer darauf ausgeht,
sich durch dies und jenes seinen Wirkungskreis nicht zu verderben,
der wird bald gar keinen haben und sich so lange hüten, etwas zu
tun, bis ihm nichts mehr übrig bleibt. Er hielt es für seine Pflicht,
sich schützend vor den Freund zu stellen und ließ im Mai 1800 seine
Vertrauten Briefe über Schlegels Lucinde bei Bohn in Hamburg anonym erscheinen. Sie sind bestimmt von der Idee, daß die Liebe ihren
notwendigen Bestandteil, die Sinnlichkeit, vergeistige und wenden
sich gegen falsche Scham und Prüderie. Der ganze Mensch müsse
von der Liebe durchdrungen werden, damit nichts draußen bleibe
und der Roheit verfalle. Schleiermachers Intention kommt Goethes
Wort aus den «Bekenntnissen einer schönen Seele» nahe: «...der-
jenige, dessen Geist nach einer moralischen Kultur strebt, hat alle
Ursache, seine feinere Sinnlichkeit zugleich mit auszubilden.» Schlegel tat es «unglaublich wohl», mit dieser Freiheit und Anmut über
sein Werk geurteilt zu sehen. Schleiermachers Freund Gaß fand, daß
der «schöne Kommentar» einem «so schlechten Texte» galt. Zweifellos hat Schleiermacher Schlegels Buch freundlicher beurteilt als die

Friedrich Schlegel. Kohlezeichnung von Philipp Veit

Tendenz es verdiente. Karl Gutzkow, der Vertreter der Literatur des «Jungen Deutschland», hat die Theologen der Restaurationszeit 1835 mit einer Neuausgabe der *Vertrauten Briefe* provozieren wollen. Nach seiner Meinung hätte hier der genuine und zukunftsträchtige Schleiermacher gesprochen.

Schleiermachers Eintreten für den Freund, von dem er sich doch wenige Monate später aus innerer Notwendigkeit trennte, ist nicht ohne ein tiefes persönliches Erlebnis Schleiermachers zu verstehen. Ihn ergriff eine leidenschaftliche Zuneigung zu der Frau eines Berliner Predigers. Eleonore Grunow hatte sich noch als Kind ihrem damaligen Spielgefährten versprochen. Sie heiratete dann auch den launenhaften und egoistischen Mann, der bei seinen Bekannten nicht im Ruf eines sittlich gefestigten Charakters stand. Sie hatte in ihrer

Stolp, von Nordosten gesehen. Nach einer Zeichnung von J. W. Arnold

kinderlosen Ehe nicht die seelische Gemeinschaft gefunden, die sie
sich so sehnlich erhoffte. Sie litt unter ihrer Ehe und empfand die
Freundschaft Schleiermachers als Trost in ihrem Leiden und als
tiefes Glück. Aber bei diesem ging die Seelenfreundschaft allmählich
in leidenschaftliche Liebe über. Eleonore war keineswegs schön zu
nennen, ja der Schriftsteller Varnhagen, der Schleiermacher nicht
mochte, erzählt, daß Henriette Herz geäußert habe, sie könne nicht
begreifen, wie eine so unschöne und schlecht gekleidete Frau eine
solche Leidenschaft habe erwecken können. Geistig zeigte Eleonore
aber eine große Anpassungsfähigkeit. Sie lebte sich völlig in die romantische Lebensauffassung ein. Schleiermacher fand sich von ihr
wie von keiner anderen Frau völlig verstanden und schrieb ihr an-
spruchsvolle Briefe, die ebenso verständnisvoll beantwortet wurden.

«Aus den wenigen Briefen an Eleonore könnte man den Totalbegriff seines ganzen Strebens entwickeln.» (Dilthey) Da die Ehe der zartfühlenden, tiefreligiösen Frau ohne gegenseitige Liebe blieb, glaubte Schleiermacher schließlich zur Scheidung raten zu dürfen. Als die Freundin im Sommer 1801 in einem lebhaften Gespräch Sorge über ihre Zukunft äußerte, wenn sie sich von ihrem Mann scheiden ließe, antwortete er: *Sie könnten meine Frau werden, und wir würden sehr glücklich sein.*

Aber Eleonore, die Schleiermacher in der Gestalt der Eleonore in den Lucinde-Briefen als eine Frau von starkem Intellekt und zugleich strengem ethischem Pflichtgefühl zeichnete, konnte sich doch nicht zur Lösung ihrer Ehe entschließen. Sie hielt es für unsittlich, sich von der durch das Ehegelöbnis eingegangenen Pflicht zu befreien. Sie

Stolp: Die Schloßkirche

rang aber noch mit der Frage, als Schleiermacher sich aus der unerträglichen seelischen Lage durch Annahme eines Rufes als Hofprediger nach Stolp in Pommern befreite. Er hoffte vergebens, durch seinen Weggang die geliebte Frau zu einem freien, ihm günstigen Entschluß bringen zu können. Erst 1805 entschied es sich nach mehrfachem Schwanken, daß Eleonore kurz vor der Scheidung von ihrem Mann wegen ihrer «alten ängstlichen Gewissenhaftigkeit» endgültig zurückzuckte und zu ihrem Mann, den sie schon verlassen hatte, zurückkehrte. In einem Brief an seinen Freund J. Chr. Gaß vom

16. November 1805 reagierte Schleiermacher bitter enttäuscht: *Die Unglückselige, warum mußte sie so lange sich selbst und mich täuschen! Wohl mir, daß ich mir das Zeugnis geben kann, ich habe nie gesucht, ihre Überzeugung über diesen Punkt zu bestechen. Daß sie nun alle Gemeinschaft zwischen uns aufhebt, daran tut sie vollkommen Recht; es ist notwendig, wenn sie auf ihrem Entschluß beharren will. Wie hoffnungslos mein Leben ist, und wie zerstört mein ganzes Inneres, davon können Sie sich kaum eine Vorstellung machen.*

Platon, Marmorbüste. Rom, Vatikan

Die Exilszeit in Stolp seit Frühjahr 1802 ließ sich trübe an. Schleiermacher hatte sich nach einer offenen Aussprache mit dem Hofprediger Sack, der sein Leben im romantischen Freundeskreis allein schon wegen des vielen Umgangs mit Juden mißtrauisch verfolgt und zuletzt mit offener Mißbilligung gestraft hatte, überzeugen lassen, daß ein Ortswechsel für ihn ratsam sei. In Stolp würde auch eine Eheschließung mit weniger Aufsehen erfolgen können als in Berlin. Wenn er gewußt hätte, daß seine Hoffnungen in Schmerz und Enttäuschung untergehen sollten, hätte er wohl kaum das Opfer des Exils auf sich genommen. In Stolp existierte keine Hofgemeinde. Er hatte lediglich eine kleine Schar reformierter Christen zu betreuen. Die äußeren Verhältnisse waren ungünstig, und das Klima bekam ihm nicht. Seine Wohnung war kalt und ungemütlich. Von allen Bibliotheken abgeschnitten, mußte er sich strenge Denkarbeit vornehmen. Statt sich in Polemik zu verzetteln – es waren schon mehrere satirische Pamphlete wie die «Laterne des Diogenes» (1799) und «Gigantomachie» (1800) gegen ihn als den Freund Schlegels und Genossen der romantischen Schule geschrieben worden –, unterzog er sich der zuchtvollen Übersetzungsarbeit an Platon. Georg Reimer, der ihm seit 1802 eng befreundet war, übernahm den Verlag. Schleiermacher wendet die von Winckelmann und Herder vorbereitete und dann von der Romantik ausgebildete ästhetische Betrachtungsweise an.

Immanuel Kant. Kupferstich von S. F. Bause nach Veit Hans Schnorr von Carolsfeld, 1791

Der einzelne Denker wird als Mikrokosmos verstanden, aus dessen innerem gestaltendem Prinzip das Ganze in seinen Bestandteilen zu erklären ist. Schleiermacher entzieht sich aber auch nicht den Fragen der Echtheit und Chronologie der Platonischen Dialoge. Wenn auch manche Einzelergebnisse von der späteren Forschung modifiziert oder sogar überwunden werden mußten, so hat er doch die Prinzipien der «Komposition des platonischen Dialogs», die «Beziehungen der einzelnen Dialoge aufeinander» und von daher die «innerste Natur der platonischen Philosophie» aufgehellt (W. Dilthey). Seine Übersetzung ist ein Meisterwerk.

Eine eindringende Auseinandersetzung mit den Systemen alter und neuer Ethik führte er in den *Grundlinien einer Kritik der bisherigen Sittenlehre*, dem umfangreichsten philosophischen Werk, das Schleiermacher überhaupt herausgegeben hat (1803). Kant und Fichte werden scharf kritisiert, am meisten Anerkennung finden Platon und Spinoza. Die bisher übliche Beschränkung der wissenschaftlichen Ethik auf die Tugendlehre verwirft er. Alle Lebensbeziehungen sind unter ethischem Gesichtspunkt zu begreifen. So kommt es zur Verwendung des allgemeinen Begriffs der Güter für die Sittenlehre. Schon bei Platon fand Schleiermacher den Begriff des höchsten Gutes so ausgeweitet, daß auch Güter des äußeren Lebens in ihm ihren Platz fanden.

Besonders schwer fiel ihm die Auseinandersetzung mit Kant. Es war ihm klar, daß er mit dem Buch verletzen werde. Er bemühte sich darum, Milde walten zu lassen, *diese schöne Begleiterin der gründlichen Strenge*. Nachdem er sich bei Kant lange aufgehalten hatte, hoffte er vergeblich, sich bei Fichte erholen zu können. Es kam ihm so vor, als ob dessen Sittenlehre wie ein Igel nach allen Seiten hin die Stacheln herausstrecke. Doch dachte er, ihn recht kleinzukriegen, wenn es auch ein *fatigantes* Manöver sei, einen Schriftsteller *in einem Atem zu bewundern und zu verachten*. Im November 1802 kam ihm die Arbeit als herkulische Last vor. Nichts wäre verkehrter, als Schleiermacher zum leicht produzierenden Schriftsteller auszurufen. *Bin ich nicht*, schreibt er am 15. Dezember 1802 an Henriette Herz, *ein recht erbärmlicher Mensch, daß mir dergleichen jedesmal so entsetzlich schwer wird? Und sollte ich nicht wie angeschmiedet sitzen, sobald etwas angefangen ist und nicht eher davon gehen, bis es fertig ist? Aber das kann ich leider auch nicht. A l s o k a n n i c h a u s g e m a c h t e r W e i s e g a r n i c h t s.* So weit wäre ich nun mit mir im Reinen. Im Dezember war er noch ganz *vergraben* in die Moral, er rang noch immer mit dem Stoff und der Form. *Wie viel tote Buchstaben über den heiligsten, lebendigsten Gegenstand!* Im Frühjahr 1803 stockte die Arbeit. Schleiermacher kam die Arbeit so trocken und nutzlos vor, daß er am 10. Juli 1803 an Henriette schrieb: *Ach, das Schreiben ist ein großes Elend, aber gar ein Buch von dieser Art; i n m e i n e m L e b e n n i c h t w i e d e r! Ich glaube, ich habe diese ganze Zeit über nicht einen gescheiten Gedanken gehabt, lauter kritische Späne.*

Bis zur Vollendung am 20. August 1803 hielt die Qual an. Jetzt

Das Gutshaus in Götemitz auf Rügen

Ehrenfried von Willich

war Schleiermacher aber doch mehr mit dem Buch zufrieden als mit seinen bisherigen Schriften. Schleiermacher hat sein Buch später als einen *ostindischen Kaktuswald* bezeichnet. Es fand auch kaum Beachtung. Der Aufklärer Spalding seufzte nur: «Nichts, durchaus nichts habe ich verstanden im Zusammenhang.» Aber Spalding ließ ihn doch seine alte Zuneigung spüren. 1803 richtete er an Schleiermacher folgende Verse:

Dich muß ich lieben, trotz dem Schauer, der von fern
Mich warnt, Du werdest mein Gefühl zermalmen,
Ausliefern dieses Herz fühllosen Peinigern,
Den Zweifeln, stürzen meiner Hoffnung Palmen.
Von Deinem Tiefsinn graust die Ahnung kalt mich an,
Der fröhlichen Gewißheit Kräfte lähmend,
Durch schale Feigheit, wie durch albern Zauberbann,
Mich überwältigend und mich beschämend.
Ich habe Mut, den Troß der Grübler rings umher,

Die – allzuarm zu f ü h l e n – nichts als d a c h t e n,
Ihr kettenrasselndes System, für mich zu schwer,
Ich habe Mut, es sorglos zu verachten.
Herzlose Weisheit, kann sie den, der je gefühlt,
Aus seines Glaubens Paradies verscheuchen?
Der h a t t' ihn nie, der hier den Glauben nicht b e h i e l t:
Ihr armen Mörder tötet nichts als Leichen. –

Die kirchlichen Verhältnisse in Hinterpommern bedrückten Schleiermacher. Er fand kaum einen Kollegen, mit dem er sich aussprechen konnte. Daß kleine reformierte Gemeinden als Inseln im lutherischen Kirchenwesen existierten, empfand er als unnötige kirchliche Kräftezersplitterung. So schrieb er *Zwei unvorgreifliche Gutachten in Sachen des protestantischen Kirchenwesens zunächst in Beziehung auf den preußischen Staat.* Die anonym erschienene Schrift setzte sich für die Union der Kirchen und praktische Reformen ein. Besonders seinen reformierten Glaubensbrüdern empfiehlt er die Union. Er versteht diese nicht als eine dogmatische Union oder rituelle Verschmelzung der beiden Kirchen. Es sollte nur erreicht werden, *daß es überall weder in bürgerlicher noch in kirchlicher und religiöser Hinsicht für eine Veränderung solle gehalten werden, wenn, wer bisher nach dem einen Ritus und bei einer Gemeinde der einen Confession communicirt habe, in Zukunft, es sei nun immer oder abwechselnd, bei einer Gemeinde der andern Confession und nach dem andern Ritus communicire.*

Selbst angestrengte Arbeit konnte Schleiermacher nicht die trüben Gedanken verscheuchen, die ihm immer wieder wegen des ungelösten Verhältnisses zu Eleonore Grunow kamen. Sogar das Kartenspiel erschien ihm als ein Ausweg aus der niedergeschlagenen Stimmung, aber er entwickelte dabei kein Glück. An Henriette Herz schreibt er: *... ich habe eine hundeschlechte Gesundheit; Brustschmerzen, Kolik, Kopfschmerzen, Kreuzschmerzen sind meine beständigen Gäste und machen mir das bißchen Leben noch ganz zunichte, so daß ich oft aus Verzweiflung, weil ich nichts arbeiten und nichts denken kann, in die Ressourcen gehe und sehr viel Geld verspiele.*

Eine angenehme Unterbrechung im eintönigen, wenn auch arbeitsreichen Fluß der Stolper Tage war das Kommen und Gehen von Briefen. Neben Brinkmann ist es jetzt besonders der junge Theologe Ehrenfried von Willich, den Schleiermacher im Mai 1801 in Prenzlau kennengelernt hatte, dem er sich vertrauensvoll zuwendet. *Willich ist mir sehr wert; er hat nicht das Große, nicht den tiefen, alles umfassenden Geist von Fr. Schlegel, aber meinem Herzen ist er in vieler Hinsicht näher.* Willich war gleichzeitig mit Henriette Herz ver-

Halle an der Saale. Kupferstich vom Ende des 18. Jahrhunderts

bunden, deren Schwester er als Lehrer ihres Sohnes mit jugendlicher Begeisterung verehrt hatte. Im März 1803 war Willich Militärgeistlicher in Stralsund geworden und kurz darauf lernte er die verwaiste fünfzehnjährige Henriette von Mühlenfels im Hause ihrer an den Gutsbesitzer von Kathen auf Götemitz (Rügen) verheirateten Schwester Charlotte kennen. Er verlobte sich mit dem jungen Mädchen, deren tiefblaue Augen ihn angezogen hatten, und stellte den Kontakt zwischen ihr, ihrer älteren Schwester Charlotte von Kathen, einer Jugendfreundin Ernst Moritz Arndts, und Schleiermacher her. Henriettes Großeltern von Campagne waren aus altem französischem Adel und aus Südfrankreich wegen ihres evangelischen Glaubens nach Berlin ausgewandert. Ihr Vater war Offizier und Gutsbesitzer auf Rügen. Die Begegnung mit Willich und seiner Braut sollte für Schleiermacher von höchster Bedeutung sein, denn in Henriette lernte er seine zukünftige Frau kennen. Vorerst litt Schleiermacher unter seiner Isolierung.

Bei der ungenügenden Versorgung stellten sich heftige Magenschmerzen ein. Er hatte seitdem immer wieder mit Magenkrämpfen zu tun, die er mit einem stets bereiten Fläschchen mit Tropfen und mit Kuren bekämpfte. Am 24. und 31. Oktober 1802 predigte Schleiermacher in der Burgkirche in Königsberg, wurde aber nicht als Prediger gewählt. So war er froh, als 1804 ihn durch Vermittlung des Rationalisten Paulus ein Ruf an die Universität Würzburg erreichte. Hier wollte Bayern eine protestantisch-theologische Fakultät einrichten. Schleiermacher sollte «ordentlicher Lehrer für das Fach der theologischen Sittenlehre und den gesamten praktischen Theil der Theologie» werden. Eine erfreuliche Besoldung (1650 fl. rh.) wurde ihm

versprochen. Schleiermacher hatte sich trotz mancher Bedenken schon entschlossen, seine Entlassung aus preußischem Dienst zu beantragen, als er plötzlich von König Friedrich Wilhelm III. zum außerordentlichen Professor und Universitätsprediger an der Universität Halle ernannt wurde. Achthundert Taler Gehalt wurden ihm zugesagt. Im Oktober 1804 traf er in Halle an der Saale ein.

Die Theologische Fakultät nahm Schleiermacher sehr reserviert auf. Er war nicht nur Freund der Romantiker, sondern auch reformiert und damit ein Fremdkörper in der lutherischen Fakultät. Außerdem hatte er längst den Geist der Aufklärung überwunden, der in Halle noch ungebrochen herrschte.

In den anderen Fakultäten gab es mehr Leben. F. A. Wolf, sein alter Lehrer, stand auf der Höhe seiner Wirksamkeit. Mit dem aus Dänemark kommenden Naturphilosophen Henrik Steffens, einem Schüler Schellings, kam es zu engerem Kontakt. *Steffens, der fast mit mir zugleich hier ankam, ist ein lieber Mensch und bei weitem der gediegenste an Geist und Charakter unter der ganzen naturphilosophischen Schule. Wir leben ziemlich viel zusammen und philosophieren zuweilen.* Auch im Hause des vielseitigen Musikers Johann Friedrich Reichardt, eines Schwiegersohnes Johann Georg Hamanns, verkehrte Schleiermacher. Den eigenen Haushalt vertraute er seiner Halbschwester Nanny an, die auch nach Schleiermachers Verheiratung in seinem Hause blieb, bis sie 1817 Ernst Moritz Arndts Frau wurde. Da Schleiermacher den Studenten häufig das Kolleggeld erließ, mußte er sich mit seinen Mitteln bis zum Äußersten einschränken. Dafür entwickelte sich die Beziehung zu den Studenten um so erfreulicher. Varnhagen von Ense, Arzt, Diplomat und Schriftsteller, und August Neander, später Schleiermachers kirchenhistorischer Kollege in Berlin, gehörten zu seinen frühen Schülern in Halle. Über seine Vortragsweise berichtet er Brinkmann: *... Aber gewiß, seit ich Professor bin, komme ich gar nicht dazu, einen vernünftigen Brief zu schreiben; und es klingt fast lächerlich, wenn ich gestehe, daß der größte Teil der Zeit für*

Henrik Steffens.
Gemälde von A. Lorentzen, 1804

meine Vorlesungen darauf geht. In der ersten Zeit beschäftigt mich der Plan für ein zu sprechendes Ganze von solcher Ausdehnung gewaltig, und je weiter ich dann komme, um desto mehr Studien habe ich zu machen für das Detail. Überdies beschäftigt mich oft der Vortrag für eine Stunde länger als eine Stunde, weil ich eben auch für den Katheder nichts, was zum Vortrag gehört, aufschreiben kann, und doch hier mich in einer ganz neuen Gattung befinde, für welche mir meine Kanzelübung so gut als nichts hilft. Dieses Vorarbeitens ohnerachtet lasse ich dann auf dem Katheder meinen Gedanken weit freieren Lauf als auf der Kanzel, und so kommt mir manches dort durch Inspiration, was ich denn des Aufzeichnens für die Zukunft wert achte, und woraus mir so noch eine Nacharbeit entsteht.

Leider zog sich der Beginn der akademischen Gottesdienste sehr in die Länge, so daß Schleiermacher schon erwog, einen verlockenden Ruf als Prediger nach Bremen anzunehmen. Im Sommer 1806 konnte er endlich predigen. Er wählte zum Thema, daß Vorzüge des Geistes ohne sittliche Gesinnungen keinen Wert haben. Für die akademische Tätigkeit entwickelte Schleiermacher sofort umfassende Pläne, die er mit seinem theologischen Freunde J. Chr. Gaß eingehend besprach. Er wollte vor allem die kursorische Lektüre des ganzen Neuen Testaments einführen, bei der alle Wortkritik weggelassen werden sollte, um statt dessen die Zuhörer an den Zusammenhang des Ganzen, *an das eigentliche Nachconstruieren des Buches* zu gewöhnen. Theologische Einzelkenntnisse vermißte Schleiermacher bei der Vorbereitung seiner Vorlesungen, aber er wußte, daß mit ihnen nicht die Sache der Theologie stehe und falle. *Der Grund des Übels liegt aber so sehr in der Tiefe, daß ich über das Einzelne wenig zu sagen weiß, und daß eben auch wenig zu tun ist, als unmittelbar auf diesen Grund zu arbeiten. Die theologischen Wissenschaften werden bei weitem größtenteils von solchen betrieben, die gar keinen religiösen Sinn haben.*

Erstaunlich ist schon in der Hallenser Zeit die stoffliche Breite der Vorlesungen. Er liest Dogmatik (erstmals in den Winter-Semestern 1804/05 und 1805/06), Ethik und Exegese. Die Zahl der Zuhörer schwankte zwischen fünfzehn und hundertundzwanzig Studenten, darunter zu seiner Freude auch Juristen, Mediziner und Philologen. In der Dogmatik, die er im Wintersemester 1805/06 im Anschluß an ein theologisches Lehrbuch von Ammon, aber schon unter dem charakteristischen Titel *Christliche Glaubenslehre* vortrug, hatte er die wenigsten – nur fünfzehn – Zuhörer. Schleiermacher bemerkte dazu: *Sie trauen mir noch nicht recht, ob meine ketzerische (ich meine hier bloß das reformierte, wiewohl auch von ihr als einer Schellingianischen gesprochen worden ist) Dogmatik, die noch dazu nur ein halbes Jahr dauert, auch passieren wird in den testimoniis und vor dem Konsistorio.* Im Publikum über den Galaterbrief zog Schleiermacher immerhin hundertundzwanzig Hörer an. Er glaubte es aber trotz des schönen Dozentenerfolgs nicht auf die Dauer als Theologieprofessor aushalten zu können. Er müsse sein möglichstes tun, schreibt er Gaß (17. 12. 1804), *um nach dem 45sten Jahre, wenn ich es überlebe, aus der Professur heraus und in das ruhige Prediger-Amt zu kommen. Alt muß man in diesem Amte nicht werden.* Auch äußerlich trat Schleiermacher nicht als Professor auf. Mit kurzer grüner Jacke, hellen Beinkleidern und einer Blechbüchse zum Botanisieren gab er manchem Beobachter Anstoß.

Während er keine Klarheit in die Beziehung zwischen sich und Eleonore Grunow bringen konnte, freute er sich über das Glück der Freunde Ehrenfried und Henriette von Willich, die im September 1804 geheiratet hatten. Im Juni hatten Schleiermacher und Henriette Herz das Brautpaar in Götemitz besucht. Schleiermacher übernahm für Henriette die Stelle des Vaters. Am 5. September 1804 schreibt er dem Paar im Hinblick auf den Hochzeitstag: *Ich weiß nicht, wer Euren Bund einsegnet, vielleicht ein ganz fremder Mensch. Aber wenn er nicht nach Euren Herzen spricht, so hört nicht ihn, sondern mich. Ihr wißt, wo das Wesentliche meiner Traurede steht, in den Monologen ... Liebe Tochter, ich vertrete heute Vaterstelle und gebe Dich dem Manne, der mein Freund und Bruder ist. Du kennst das Auge voll süßer Tränen, das oft auf Deinem lieben Gesichte geruht hat. So schwimmt es auch jetzt in väterlicher Wonne und in heiliger Wehmut und segnet Dich zu allen Freuden und Sorgen, die aber Dir immer beides sein werden, und zu allem, was die Menschen Pflichten nennen, was aber aus Deinem schönen Herzen immer als freie Liebe hervorgehen wird, und zu dem großen Beruf, dem Du entgegen gehst, dem heiligsten, den der Mensch erreichen kann. Und Du, mein geliebter Bruder, wenn Du das süße Mädchen aus den Händen unsrer teuern Charlotte empfängst, nimm sie auch aus den meinigen gern. Sie hat sich mir als Tochter gegeben, und so hoffe ich, meine Liebe zu ihr ist ein Brautschatz, den Du nicht verschmähn wirst.* Während der nächsten Monate gingen unaufhörlich gefühlvolle Briefe zwischen Halle und Stralsund, wo das junge Paar wohnte, hin und her. Schleiermacher nahm herzlichsten Anteil am Glück der Neuvermählten und der Geburt des ersten Kindes.

Da starb im März 1807 von Willich nach einem achttägigen Nervenfieber. Fassungslos suchte die junge Witwe, die ein zweites Kind erwartete, bei dem Freund Trost. «Mein lieber Schleier, mache Dich gefaßt, das bitterste zu hören – die glückliche Jette ist nun eine arme betrübte einsam weinende Jette – o mein Schleier, so sei es

Schleiermacher. Stich von Bolt, 1817

denn mit einemmahl ausgesprochen, das entsetzliche Wort – mein Ehrenfried, mein innig, zärtlich geliebter Ehrenfried ist nicht mehr bei mir – er lebt in einer andern Welt – o Schleier, kannst Du es fassen? kannst Du begreifen, daß ich es überlebt habe?» Schleiermacher antwortet: *Mein armes liebes süßes Kind. Könnte ich nur Dich Weinende an mein Herz drücken! ich weine selbst bittre heiße Tränen, wir wollten sie vermischen. O so ein schönes Glück zerstört zu sehn, Du weißt, wie mein Herz daran hing. Doch Du gibst mir ein so schönes Beispiel. Dein Schmerz ist so rein und heilig, er hat nichts, was Dein Vater weg wünschen könnte. Laß uns nun diesen Schmerz unter die schönsten Güter unseres Lebens zählen und ihn lieben, wie wir den Verstorbenen lieben, und uns der ewigen und heiligen Ordnung Gottes still und wehmütig fügen.* Schleiermacher glaubte den *idyllischen Teil* seines Lebens verloren. Den nach seines Vaters Tod geborenen Sohn Ehrenfried begrüßte er als den verjüngten Freund und wünschte sich, zu seiner Erziehung beitragen zu können. Die Witwe empfand oft eine «elende Leere» in ihrem Gemüt und suchte bei Schleiermacher Halt.

Dieser führte trotz aller anderen Beanspruchung in Halle seine Platon-Übersetzung fort. 1804 setzte er sich mit Schellings «Vorlesungen über die Methode des akademischen Studiums» wohlwollend auseinander. Im Dezember 1805 schrieb er in zwei bis drei Wochen ein kleines, in Dialogform gehaltenes Buch *Die Weihnachtsfeier, ein Gespräch.* Es ist die einzige rein poetische Arbeit Schleiermachers, eine reizvolle Nachbildung des Platonischen Dialogs, inhaltlich eine Diskussion über die Bedeutung der Person Christi. Schleiermacher läßt mehrere Frauen und Männer, ja sogar ein Kind, die verschiedenen Auffassungsweisen vertreten, mit denen er sich selbst im Laufe seiner Entwicklung auseinandergesetzt hatte. Schleiermacher ist nicht einfach mit einem der Stimmführer im Gespräch zu identifizieren. Er sieht die Notwendigkeit des Erlösers aber zweifellos psychologisch und welthistorisch begründet. Während in den *Reden* noch die Hypothese einer weiteren Vervollkommnung des Christentums einen bescheidenen Raum fand, erklärt die *Weihnachtsfeier*: *Kein Heil außer der Gemeinschaft mit Christus.*

Die *Weihnachtsfeier* erweist sich als ein für Schleiermachers Eigenart besonders charakteristisches Werk. Gemüt und scharfe Reflexion sind kunstvoll aufeinander bezogen. Leonhard, *der denkend reflektierende, dialektisch überverständige Mensch, der ungläubige Schalk,* wird mit merklicher Sympathie gezeichnet. Er behandelt alles Mystische, auch die herrnhuterische Frömmigkeit, mit Verachtung. Er hat, wie Eduard, der spekulative Theologe, bemerkt, wohl noch nie einen herrnhuterischen Ort kennengelernt. Sein ganzes

Trachten geht auf die Abwehr von Aberglauben und Schwärmerei. Er ist der entschiedene Nichtromantiker. *Ich bin als Christ sehr unkünstlerisch und als Künstler sehr unchristlich.* Sein Glaube entbehrt der Beziehung auf Christus als den Sohn Gottes. Das Weihnachtsfest will er aber keineswegs abschaffen. Er konzediert ihm symbolische Bedeutung. Wie ein Kind der Hauptinhalt des Festes ist, so sind es auch die Kinder, die das Christentum tragen. Wie die Nacht die historische Wiege des Christentums sei, so werde auch dieses Fest in der Nacht begangen. Wie es dunkel und zweifelhaft ist, was wir an Christi Person bekommen haben und von wem, so verhalte es sich schließlich auch mit den Weihnachtsgeschenken.

Der spekulative Theologe Eduard, in dem ein Schellingianer vorgestellt wird, geht dagegen vom Fleisch gewordenen Logos des Johannesprologs aus und sieht in ihm das Hervortreten des ursprünglichen und göttlichen Gedankens in der endlichen, beschränkten sinnlichen Natur. Wir feiern darum am Weihnachtsfest uns selbst, insofern *die menschliche Natur angesehen und erkannt* (wird) *aus dem göttlichen Prinzip.* In der Geburt Christi sieht jeder Mensch seine eigene höhere Geburt an. Die biblische Geschichte wird von Eduard idealisiert, während Leonhard sie symbolisiert hatte. Christus gilt Eduard als der zentrale Gattungsmensch.

Die dritte Stimme im Chor der Theologen ist Ernst, der den inneren Sinn des Weihnachtsfestes in der Erscheinung des Erlösers sieht. *Für uns, die wir dem Wechsel der Zeit zwar auch unterworfen sind, aber nicht in dem Vergänglichen zu leben begehren, bleibt die Geburt des Erlösers das einzige, allgemeine Freudenfest, weil es für uns kein anderes Prinzip der Freude gibt als die Erlösung, in der Entwickelung von dieser wiederum die Geburt des göttlichen Kindes der erste helle Punkt ist, nach welchem wir kein anderes erwarten und unsere Freude noch länger verschieben können.* Hinter Ernst verbirgt sich doch wohl Schleiermacher selbst, worauf vielleicht schon die Namensgleichheit hinweist. Doch ist es von Wichtigkeit, daß auch Ernst nicht für die historische Glaubwürdigkeit der Weihnachtserzählung eintreten will. Die Berechtigung zur Kritik an der biblischen Überlieferung wird zugestanden. Aber Christus als Erlöser ist dem Verfasser des Dialogs ein unüberholbares Faktum, eine verbindliche religiöse Wirklichkeit. Vielleicht hat Schleiermacher das Gespräch mit den philosophisch-religiösen Tendenzen seiner Zeit in der *Weihnachtsfeier* noch differenzierter geführt als in den *Reden.*

Im Juni 1806 war Halle voll von Truppen, und Schleiermacher war es schnell klar, daß es zum Krieg mit Frankreich kommen würde. Er hatte in Schlobitten den Gang der Französischen Revolution verfolgt und diese gerechtfertigt. Während der Berliner Zeit hat-

Halle: Die Universität. Kupferstich, 1800

te er sich an den Auswüchsen des Absolutismus im Staatsleben ge-
rieben. Während die Romantiker weltbürgerlich gesinnt waren, be-
reitete sich bei Schleiermacher durch die Verbindung von Individualität, Gemeinschaft und Pflicht eine ethische Konzeption vor, in der
der Einzelstaat Preußen besonders geltend gemacht werden konnte.
Kosmopolitismus und Nationalgedanke haben lange miteinander ge-
rungen, auch im Denken von Männern, die die Vorkämpfer einer ent-
schiedenen Vaterlandsgesinnung und idealen Staatsauffassung werden sollten. Von einer unklaren Deutschschwärmerei hielt sich Schleiermacher fern. Aber als im Frühjahr 1806 Preußen durch eine verfehlte Politik sich völlig isoliert hatte und wenig später die uner-
trägliche Spannung zwischen Preußen und Frankreich deutlich wurde,
betätigte er sich als patriotischer Prediger und bahnte damit eine die
nächste Zukunft des Protestantismus schicksalhaft bestimmende Verbindung zwischen Christentum und Patriotismus an. Als die Kriegs-
erklärung erfolgt war, gab er seiner Freude über den *Kampf gegen
den Tyrannen*, Napoleon, Ausdruck. *Napoleon haßt den Protestantismus, wie er die Spekulation haßt.* Um der Geistesfreiheit willen
müsse man Napoleon Widerstand leisten.

Bei Jena brach Preußens Macht unerwartet rasch zusammen, und
schon am 16. Oktober 1806 wurde Halle von den Franzosen besetzt.
Napoleon ließ die Universität Halle, die ein Zentrum des Widerstan-

des gewesen war, schließen. Schleiermacher ließ sich in seinem Dienst als Prediger nicht beirren und blieb in Halle, «solange er Kartoffeln und Salz dort auftreiben» würde. Wie er bereit gewesen wäre, seinem König bis in den entferntesten Winkel der Monarchie zu folgen, so erwartete er jetzt auch von seinen Hörern die ganze Hingabe an das Vaterland. In seiner Neujahrspredigt von 1807 *Was wir fürchten sollen und was nicht* gab er auch dem Freiherrn vom Stein, der die Predigt auf der Flucht las, Trost und Ruhe. In dieser Predigt nennt er zuerst die Dinge, die wir nicht fürchten sollen. Darunter rechnet er auch den leiblichen Tod. Fürchten sollen die Christen den Herrn. Sie sollen nicht einen anderen Weltlauf herbeiwünschen, als ihn Gott sende. Beredt wendet er sich gegen die Furcht. *Die Furcht verhärtet das Gemüt. Und was für engherzige Wünsche erzeugen sich aus solcher Stimmung! Wie wird man immer geneigter, der dürftigen Aussicht auf eine schwankende Ruhe, wäre sie auch nur für den nächsten Augenblick, alles aufzuopfern!* Er war davon überzeugt, daß Deutschland erst noch weiter zertrümmert werden müßte und Preußen nicht mit einem schnellen entehrenden Frieden zufrieden sein dürfe. Erst nach einer Änderung der politischen Verhältnisse Deutschlands könnte unter Preußens Führung etwas Neues werden. Diese Hoffnung bestimmte ihn von nun an unbeirrbar. «Schleiermacher predigt ziemlich häufig», schreibt am 7. März 1807 ein Student der Medizin aus Halle nach Bremen. «Man wundert sich über seine Kühnheit, mit den eindringlichsten Worten die Zuhörer an ihr Vaterland und ihren König zu erinnern und jeden, der fähig ist, das alte Glück des Landes zu befördern, im Guten zu bekräftigen. Er schließt dergleichen jedesmal in sein Schlußgebet ein und weiß dabei so eindringend zu reden, daß mancher davon entflammt wird und manches Auge seine Rührung nicht verbirgt.» Trotz der engen Wohnung, die er mit der Familie Steffens teilen mußte, da die Stadt von Soldaten überfüllt war und er sein eigenes Domizil eingebüßt hatte, arbeitete er weiter am Platon, an einer Predigtsammlung und an einer Untersuchung über den 1. Timotheusbrief, den er dem Apostel Paulus absprach. Henrik Steffens gibt eine anschauliche Schilderung von der damaligen Situation: «Das große Haus, welches Schleiermacher bewohnte, war stark mit Einquartierung belegt. Gegen Morgen, während eines unruhigen Schlafes, vernahmen wir eine Bewegung im Hause, ein unruhiges Aufundniederlaufen auf den Treppen, ein lautes Gerede im Hofe, die Tritte der Pferde in dem Stalle. Als wir erwachten, war die Stadt leer. Die Truppen hatten sich entfernt, die Studierenden wurden noch im Verlaufe des Tages aus der Stadt getrieben. Wir, die Lehrer, blieben in der wüsten, öden Stadt zurück: unser Amt, unsere Tätigkeit war vernichtet, unsere zukünftige Stel-

Johann Gottlieb Fichte

lung noch unbestimmt. Wenige ältere Studierende wagten es noch, in der Stadt zu bleiben... Schleiermachers wie meine Lage war nun freilich bedenklich genug. Unser Gehalt war mit dem 1. November fällig und das von vergangenen Monaten völlig aufgezehrt. Die Vorlesungen aber, die eben anfangen sollten, hatten ein bedeutendes Honorar schon jetzt in unsere Hände gebracht. Ich hatte in meinem Besitz über 80 Louisdor. Daß ich, nach meiner Gesinnung, und da ich die Auszahlung des Gehalts erwartete, an keine Geldverlegenheit dachte, ist begreiflich. Nun aber meldeten sich alle meine Zuhörer und ich mußte mich glücklich schätzen, daß ich die Summe nicht angerührt hatte und einen jeden zufriedenstellen konnte. Ich behielt etwa 10 Rtr. übrig und Schleiermacher auch nicht mehr... Wir entschlossen uns nun, die kleine Summe, über die wir gemeinsam zu gebieten hatten, vereint zu benutzen und eine gemeinschaftliche Wirtschaft zu führen. Schleiermacher bezog meine kleine beschränkte Wohnung. Meine Frau mit ihrem Kinde und Schleiermachers Schwester bewohnten eine kleine enge Kammer, die an eine größere Stube grenzte; ebenso schlief ich mit meinem Freunde in einer ähnlichen

Kammer, und ein jeder verfolgte seine Studien und Arbeiten in einer gemeinschaftlichen Stube. In einer Ecke meines Studierzimmers hat Schleiermacher seine Schrift über den ersten Brief Pauli an Timotheus ausgearbeitet. Wir lebten in der größten Dürftigkeit, sahen wenige Menschen, verließen fast nie das Haus, und als das Geld ausging, verkaufte ich mein Silberzeug.» Es ist zu bewundern, wie die Freunde mitten in der unruhigen Zeit noch Muße zu wissenschaftlicher Tätigkeit fanden.

Nach der programmatischen Erklärung in der Untersuchung über den Timotheusbrief soll bei der Erklärung der Bibel wie bei anderen alten Schriften vorgegangen werden: *Ich verstehe schlechthin nichts davon, warum wohl die neutestamentlichen Bücher in irgend einer Hinsicht irgend anders sollten behandelt werden als andere, oder welches andere Maß man anlegen sollte, um über einen Verdacht gegen ihre Echtheit zu entscheiden, als bei anderen alten Schriften, sondern ich wüßte für diese Sammlung keine andere Regel, als für andere, welche die alten Grammatiker gemacht haben, daß nämlich nicht die Sammlung sondern nur jede einzelne Schrift als ein Ganzes anzusehen ist, und für sich selbst stehen und Beweis führen muß wem sie angehöre, dabei aber auch die übrigen derselben Sammlung als Zeugen anführen kann und annehmen muß.*

Alle Auslegung zielt aber auf das Verstehen, das Schleiermacher oftmals eindringlich analysiert hat, besonders in seiner Hermeneutik. Schleiermacher arbeitete in der letzten Hallenser Zeit ferner an einer Besprechung von Fichtes Schrift «Die Grundzüge des gegenwärtigen Zeitalters». Diese Rezension ist wohl das Schärfste an Polemik, was Schleiermacher jemals zu Papier gebracht hatte. Er verwarf Fichtes Weltepocheneinteilung und entrüstete sich besonders über Fichtes Würdigung des biblischen Christentums und der Reformation. Fichte statuierte einen scharfen Unterschied zwischen dem johanneischen Christentum und der paulinischen Theologie. Während er dem Christentum eine staatenbauende Kraft zutraute, führte Schleiermacher aus, daß es – wie Fichtes Darstellung beweise – nur heilsam wäre, wenn das Christentum sich aus den Fesseln des Staates befreien könne. Von Fichtes abstrakt-idealistischer Weltanschauung sagte er sich mit dieser kämpferischen Rezension öffentlich los.

Die Universität Halle konnte Schleiermacher nicht mehr fesseln, nachdem die Stadt am 7. Juli 1807 zu dem von Napoleon begründeten Königreich Westfalen geschlagen wurde. Eine Berufung nach Bremen lehnte er ab. Im Sommer 1807 hielt er Privatvorlesungen über Geschichte und Philosophie in Berlin. Am 7. Dezember siedelte er endgültig dorthin über.

In Berlin setzte Schleiermacher seine Vorträge vor Gebildeten fort und nahm an den Beratungen über die bereits beschlossene Gründung der Universität Berlin erheblichen Anteil, so daß er zu ihren geistigen Wegbereitern gehört. Er schrieb *Gelegentliche Gedanken über Universitäten im deutschen Sinn. Nebst einem Anhang über eine neu zu errichtende* (1808). Für die Universität forderte er die völlige Unabhängigkeit vom Staat. Darin unterschied er sich von Fichte, der dem Staat allen Einfluß auf die Universität einräumte. Schleiermacher sprach für die Geistesfreiheit und Selbständigkeit. Von der Einheit höchster Erkenntnis müßten alle Studierenden einen lebendigen Begriff erhalten. Deswegen vertritt Schleiermacher ebenso wie Wilhelm von Humboldt die Idee der universitas litterarum.

Man hat schon oft und viel gesagt, unsere vier Fakultäten, die theologische, juristische, medizinische und philosophische, und noch in dieser Ordnung obenein, gäben den Universitäten ein gar groteskes Ansehen. Und das ist auch gewiß unleugbar. Wenn man es aber als einen großen Vorteil ansieht, den Umschaffungen oder bedeutende Veränderungen solcher Anstalten gewähren können, daß man dabei zugleich dieser Formen sich entledigen und bessere dafür einführen werde: so übereile man sich doch ja nicht, damit man nicht etwas ganz Willkürliches an die Stelle dessen setze, was sich auf eine natürliche Weise gebildet, und eben seiner Natürlichkeit wegen so lange erhalten hat; sondern suche doch erst die Bedeutung dieser bisherigen Formen recht zu verstehen.

Offenbar ist die eigentliche Universität, wie sie der wissenschaftliche Verein bilden würde, lediglich in der philosophischen Fakultät enthalten, und die drei anderen dagegen sind die Spezialschulen, welche der Staat entweder gestiftet, oder wenigstens, weil sie sich unmittelbar auf seine wesentlichen Bedürfnisse beziehen, früher und vorzüglicher in seinen Schutz genommen hat. Die philosophische hingegen ist für ihn ursprünglich ein bloßes Privatunternehmen, wie der wissenschaftliche Verein überhaupt ihm eine Privatperson ist, und nur durch die innere Notwendigkeit, und durch den rein wissenschaftlichen Sinn der in jenen Fakultäten Angestellten subsidiarisch herbeigeholt worden, weshalb sie denn die letzte ist von allen. In der ganzen Form also spiegelt sich die Geschichte der Universitäten in ihren Grundzügen ab.

In der philosophischen Fakultät ist allein die ganze natürliche Organisation der Wissenschaft enthalten, die reine transzendentale Philosophie und die ganze naturwissenschaftliche und geschichtliche Seite, beide vorzüglich mit denen Disziplinen, welche sich am meisten

Die Dreifaltigkeitskirche. Kupferstich vom Ende des 18. Jahrhunderts

jenem Mittelpunkt der Erkenntnis nähern; aber doch auch die mehr ins Besondere gehenden schließen sich so lange an die philosophische Fakultät an, als sie nicht zum Behuf eines bestimmten Zweckes pragmatisch behandelt werden. Jene drei (übrigen) Fakultäten hingegen haben ihre Einheit nicht in der Erkenntnis unmittelbar, sondern in einem äußeren Geschäft, und verbinden, was zu diesen erfordert wird, aus den verschiedenen Disziplinen. Die Ordnung, welche sie unter sich beobachten, beweist offenbar das dominierende Verhältnis des Staats auch in den öffentlichen wissenschaftlichen Anstalten; und genauer angesehen zeigt sich darin teils das geschichtliche Vor-

antreten der Kirche vor den Staat, teils die alte löbliche Weise, die Seele dem Leibe voranzustellen.

Entsteht je eine Universität durch eine freie Vereinigung von Gelehrten, dann wird von selbst das, was jetzt in der philosophischen Fakultät vereinigt ist, die erste Stelle finden, und die Institute, welche Staat und Kirche bitten werden damit zu verknüpfen, werden ihre untergeordnete Stellen einnehmen. So lange dies nicht geschieht, sondert sie sich am besten dadurch von den übrigen ab, daß sie die letzte ist, besser als wenn sie sich zwischen die anderen stellt und sich dadurch mit ihnen vermischt. Betont stellte er, auch für die Sicht des Studenten, den Vorrang der philosophischen Fakultät heraus: *Sie ist auch deshalb die erste und in der Tat Herrin aller übrigen, weil alle Mitglieder der Universität, zu welcher Fakultät sie auch gehören, in ihr müssen verwurzelt sein. Es ist gewiß verderblich, daß die Studierenden gleich anfänglich sich können irgend einer anderen Fakultät einverleiben. Alle müssen zuerst sein und sind auch der Philosophie Beflissene; aber alle sollten eigentlich auch in den ersten Jahren ihres akademischen Aufenthaltes nichts anderes sein dürfen. Das alte Unwesen, die Knaben in der Wiege für ein gewisses Geschäft zu bestimmen, ist immer noch nicht ausgerottet; denn für das wissenschaftliche Leben ist die gelehrte Schule nur die Wiege.* Nicht das Lernen an und für sich ist Schleiermacher der erste Zweck der Universitätsausbildung, sondern das Erkennen. Deshalb muß in den Studenten der wissenschaftliche Geist zu selbständigem Eindringen in die Wissenschaften geweckt werden. Das könne nicht geschehen durch Zwang. So fordert die Universität *die Temperatur einer völligen Freiheit des Geistes.* Die Wissenschaft befreit vom Dienst unter jeder fremden Autorität. Schleiermachers Überlegungen fanden Anklang, und er wurde zur Mitarbeit bei der Neuorganisation des preußischen Bildungswesens herangezogen. In der Sektion für Kultus und Unterricht im Ministerium des Inneren wurde er mit Fragen des Unterrichts betraut. Er arbeitete dabei mit Männern aus der Schule Pestalozzis zusammen und ließ sozialen Sinn und auch viel Verständnis für die nichthumanistische Bildung erkennen. Seine Predigttätigkeit setzte er fort und stellte sie ganz in den Dienst der preußisch-patriotischen Gesinnung. Im Mai 1809 trat er sein Predigtamt an der Dreifaltigkeitskirche an, im Herbst 1810 wurde er zugleich Professor an der Universität, 1811 Mitglied der Preußischen Akademie der Wissenschaften. Er war auch erster Dekan der Theologischen Fakultät. Auch 1813/14, 1817/18, 1819/20 bekleidete er das Amt des Dekans; 1815/16 war er Rektor. Damit war der äußere Lebensrahmen gewonnen, der von nun an Schleiermachers Wirken bestimmte.

Karl Freiherr vom Stein.
Federzeichnung von Veit Hans
Schnorr von Carolsfeld, 1821

Hervorhebung verdient die beim Eintritt in die Akademie gehaltene Rede, weil in der hier entwickelten Auffassung von Philosophie Schleiermachers scharfer Gegensatz zu Fichte wie zu Hegel deutlich wird. *Vielmehr ziemt es der Akademie, von der Gewißheit ausgehend, daß nichts, was die echte Form der Philosophie anzuziehen vermag, leerer Irrtum sein kann, ebenso überzeugt zu sein, daß nichts, was eine Periode hervorbringt, die ganze Wahrheit in sich einschließt. In jeder Gestaltung der Philosophie erscheint ihr der höchste Forschungsgeist in einer eigentümlichen Funktion begriffen, und es ist ihr Geschäft, eben dies Eigentümliche im Vergleich mit früheren Bestrebungen richtig aufzufassen, den Zusammenhang dieser Erscheinung mit anderen Ereignissen im Gebiet des menschlichen Geistes zu verstehen, das Positive darin, was eine Lücke in der bisherigen Behandlung ergänzt, hervorzuheben, aber auch nicht zu übersehen, zu welcher Einseitigkeit sie sich hinneigt und was für Bedürfnisse sie selbst der Zukunft erst zu befriedigen hinterlassen wird. Und für dieses Geschäft sind ihr auch nicht die Erzeugnisse der Gegenwart, von der sie sich nicht will beherrschen lassen, der einzige Gegenstand; sondern weil es nie ganz vollendet sein kann, stiftet es eine lebendige Wechselwirkung aller Zeiten und kehrt oft zur Untersuchung und Darstellung des Alten zurück, weil teils das Alte nicht selten die überraschendsten Aufklärungen über das Neuere gewährt, teils auch jede bedeutende neue Erscheinung ein neues Licht auf noch nicht völlig verstandene frühere Bestrebungen zurückwirft.*

Schleiermacher hebt die führende Rolle der deutschen Philosophie hervor: *Unter allen neueren Völkern haben unleugbar wir Deutsche den höchsten Begriff von Philosophie, die tiefste Ehrfurcht für sie, richten deshalb aber auch am strengsten über alles, was sich unter diesem Namen will geltend machen. Werke, die unter anderen Nationen zu einem klassischen Ansehen gelangt sind und ihren Urhebern den Ruf ausgezeichneter Philosophen erworben haben, vermögen wir Deutsche nicht eben so anzusehen; seien sie auch voll richtigen Urteils über die wichtigsten Gegenstände, offenbaren sie auch auf jedem Blatt einen seltenen Scharfsinn und ein nachdenkliches Gemüt, welches an höheren Betrachtungen mit Liebe hängt: wir können daran noch immer das vermissen, was uns den Philosophen macht; und nichts erscheint uns wunderlicher, als wenn Voltaire und Rousseau gleich sehr als Descartes und Shaftesbury, oder Hume gleich sehr als Baco Philosophen sein sollen.*

So daß nach unserer Schätzung als Meisterwerke nur die übrig bleiben werden, welche uns eine neue Betrachtungsweise jener geheimnisvollen Operation, des Erkennens, in einem lebendigen schon die Grundzüge seiner kräftigeren entwickelteren Gestalt in sich tragenden Keim offenbaren, oder eine früher und unvollkommen mitgeteilte auf die großen Massen des Erkennens, die Natur und die Geschichte, zuerst lichtvoll und eigentümlich anwenden, oder endlich eine nicht in einem Einzelnen erzeugte, sondern aus dem gemeinsamen Charakter einer Nation oder einer Zeit hervorragende Ansicht auf eine ursprüngliche Weise wissenschaftlich auffassen und geltend machen.

Aus den Briefen des Jahres 1808 erfahren wir von Schleiermachers Tätigkeit für die Patriotenpartei. In geheimer Mission weilte er im August 1808 vier Wochen in Königsberg, wo sich die königliche Familie und die Regierung befanden. Er sah dort Stein, Scharnhorst und Gneisenau. Auch in Dessau, Schlesien und auf Rügen sammelte er die Gleichgesinnten und warb neue Freunde. Am Geburtstag Friedrichs des Großen am 24. Januar des Jahres 1808 kritisierte er den auch von diesem König nicht beseitigten Rest des Feudalismus. In der Gleichberechtigung aller Staatsbürger müsse der Maßstab der Anwendung des Rechtes liegen. Glaubens- und Gewissensfreiheit müßten im Volke herrschen. Er befand sich mit seinen Gedanken im vollen Einklang mit den Reformern Stein und Hardenberg. Schleiermachers Reden haben in diesen Jahren dazu beigetragen, die Patrioten enger zusammenzuschließen und die Pläne der Politiker auf ein höheres sittliches Niveau zu heben. Seine patriotische Tätigkeit blieb dem französischen Kommandanten von Berlin, Marschall Davout, nicht verborgen. Aber Schleiermacher wußte sich ihm gegenüber zu behaupten. Von der Nachricht vom Rücktritt des Freiherrn vom Stein war er tief erschüttert. *Unser guter König hat sich überraschen lassen von einer elenden Partei, und sich zu einem Schritt verführen lassen, der alles aus dem sichern Gang, in den es eingeleitet war, wieder herausbringt.* Den führenden Staatsmännern fehlte nach seiner Meinung meistens die Standhaftigkeit, die zur Rettung Preußens und zum Neubau Deutschlands nötig gewesen wäre.

Als er im Sommer 1808 in patriotischer Mission auf Rügen weilte, verlobte er sich in Sagard auf Rügen mit Henriette von Willich. Auf einer Bank in der Brunnenaue bei Sagard gab die Neunzehnjährige dem vierzigjährigen Mann das Jawort. Aus Dankbarkeit war bei ihr Liebe geworden. Etwas bedenklich blieb die Braut gegenüber Schleiermachers geistiger Überlegenheit: «O Gott, mir ist oft, als könnte ich es kaum tragen, daß ich es bin, der Du Dein Leben, Deine heilige Liebe weihen willst.» Schleiermacher bedrückte das Gefühl, noch nicht gleich für Henriette und ihre zwei Kinder sorgen zu können. Er freute sich aber der festen Bindung nach der langen Zeit der Einsamkeit und der Wirrungen. Ungeduldig wartete das Brautpaar auf die endgültige Zusammenführung. Henriette kommt in ihren überschwenglichen Briefen mehrfach auf ihren verstorbenen Mann zu sprechen, von dem sie nun sagt: «Ich hätte ihn nicht geliebt, wenn ich es nicht gewollt hätte.» Sie erwägt auch, ob Schleiermacher mit ihr nicht so glücklich werden könnte wie in dem Falle, daß Eleonore sein geworden wäre. Schleiermacher versichert sie aber: *Mit Eleonore ist es doch gar nicht so, wie Du denkst. Das kann mir gar nicht einfallen, daß ich mit ihr auch nur im mindesten so glücklich hätte sein können im vollen Sinne des Wortes, wie mit Dir.* Er hoffte, die zukünftige Frau auch an seinem Leben in der Wissenschaft, in der Kirche und im Staat teilnehmen lassen zu können. Er läßt sie einen tiefen Blick in sein Denken gewinnen: *Wissenschaft und Kirche, Staat und Hauswesen, — weiter gibt es nichts für den Menschen auf der Welt, und ich gehörte unter die wenigen Glücklichen, die alles genossen hätten... Die Menschen, die sich etwas emporheben aus der gemeinen Masse, machen alle so viel aus der Unsterblichkeit des Namens in der Geschichte. Ich weiß nicht, ich kann darnach so gar nicht trachten. Die Art, wie sie den Königen, bloß als solchen, auf ein paar Jahrhunderte wenigstens sicher ist, hat doch nichts Beneidenswertes. Die Taten der Menschen im Staat sind doch immer gemeinschaftlich, und mit Unrecht wird etwas Großes dem Einzelnen auf die Rechnung geschrieben. In der Wissenschaft ist nun gar nicht daran zu denken, und das künftige Geschlecht müßte aus elenden Kerls be-*

Schleiermacher mit seiner Frau

Friedrich Daniel Schleiermacher

Das Eckhaus Taubenstraße / Kanonierstraße

stehen, wenn sie nicht in fünfzig Jahren Alles weit besser wissen sollten, als auch der Beste jetzt. Nur der Künstler kann auf diese Art unsterblich sein und ein solcher bin ich nun einmal nicht. Die Ehe faßte Schleiermacher als Möglichkeit einer gegenseitigen Erziehung auf.

Am 18. Mai 1809 wurde er mit Henriette im Kreis der Freunde in Sagard auf Rügen getraut. Ein Bruder Ehrenfried von Willichs vollzog die Trauung. In der bescheidenen Berliner Amtswohnung Ecke Taubenstraße/Kanonierstraße (heute Glinkastraße 14, das Haus ist während des Krieges ausgebrannt) waltete bereits Schleiermachers Halbschwester Nanny energisch als Hausfrau. Die Erziehung der beiden Kinder, zu denen aus der Ehe mit Schleiermacher noch vier Kinder kamen, darunter der schon als Kind gestorbene einzige hochbegabte Sohn Nathanael (geb. 1820), nahm Schleiermachers Frau voll in Anspruch. Erstrebte ihr Mann eine volle Seelengemeinschaft, so faßte sie die Ehe nüchterner auf. Sie bemühte sich zweifellos um Verständnis für das Schaffen ihres Mannes, war aber in erster Linie doch Mutter und Wirtin der vielen Gäste. In dem kleinen, anspruchslos eingerichteten Haus, das man im Sommer, beim ersten Lerchengesang, mit einem Häuschen am Schafgraben (Bendlerstraße) vertauschte, spielte sich eine rege Geselligkeit ab. Im Sommer setzte sie sich noch lebhafter im Garten am Schafgraben fort. Von der Sommerwohnung schwärmt Schleiermachers Stiefsohn Ehrenfried: «Das Häuschen, welches wir allein bewohnten, bildete den Schluß eines großen Gartens (mit einem Kornfeld in der Mitte und vielen grünen Gängen, einem Berg mit rotblühender Dornhecke u.s.w.), welcher mit der andern Seite bis an die Tiergartenstraße reichte, wo sich das elegante Wohnhaus des Besitzers, eines Herrn Reinhardt, befand. Um unser kleines Haus herum war alles noch Wildnis, die Ufer des Schafgrabens von üppigem Grün eingefaßt. Abends machten unzählige Frösche ihr melodisches Konzert in die stille Nacht hinein. Von der Chaussee her hörte man wohl ein Posthorn blasen. Reisende Familien kamen mit Extrapost an.»

Schleiermacher stand sommers und winters um fünf Uhr auf. Meistens begab er sich schon um sieben Uhr morgens zur Vorlesung. Im Sommersemester stellte er der Dogmatik-Vorlesung, die er in dreizehn Universitätssemestern vorgetragen hat, meist noch ein philosophisches Kolleg über Dialektik oder Psychologie voran, das er dann schon morgens zwischen sechs und sieben Uhr las. Im Sommer wanderte er durch den Tiergarten und das Brandenburger Tor die Linden entlang bis zur Universität. Bei Tisch hatte er gern Gäste und liebte es, lange mit ihnen zu sitzen, obgleich er einfach und mäßig aß, immerhin Speise und Trank «eine gewisse rationelle Aufmerksamkeit» widmend (E. v. Willich). Er pflegte zum Mittagessen mehrere Gläser Bordeaux zu trinken und schätzte durchaus auch anderen Wein. Bei dem vielen Kommen und Gehen – schließlich war Schleiermachers Haus auch Pfarrhaus – lag auf Schleiermachers Frau eine ziemliche Last. Eine Erleichterung war es für sie, daß ihr Mann sich niemals von der Familie zurückzog, sondern Wert darauf legte, sein Studierzimmer in der Nähe seiner Frau und ihres Pflichtenkreises zu haben. Vor Mitternacht ging er selten ins Bett, da er mit einem Minimum an Schlaf auskommen konnte. Da seine Frau kein Vermögen in die Ehe eingebracht hatte, mußte mit den Einkünften hausgehalten werden. Als Prediger bezog Schleiermacher 1811 ein Gehalt von 480 Talern mit einer besonderen Zulage von 80 Talern. Aus der sogenannten Tempelkasse flossen ihm 300 Taler zu, außerdem bekam er geringe Gebühren für Taufen und Konfirmandenunterricht. Für seine Tätigkeit an der Universität erhielt er aus der Hof- und Zivilkasse sowie der kurmärkischen Regierungskasse einschließlich der Kollegelder 1050 Taler. In der gleichen Zeit fiel das nicht unerhebliche Honorar von 714 Talern für Schriftstellertätigkeit an, vor allem für eine Predigtsammlung und die Neuauflage der *Monologen*. Insgesamt verfügte Schleiermacher im Jahre 1811 über 5034 Taler Einnahme. 4239 Taler wurden davon ausgegeben. Im

Das Brandenburger Tor ohne die Quadriga

Jahre 1821 hatte er 5763 Taler Gesamteinnahme, also keinen wesentlichen Mehrbetrag im Vergleich zum Einkommen des Jahres 1811. Von dem Geld bestritt Schleiermacher auch zahlreiche Reisen für sich und seine Frau, zum Teil zu Kurzwecken. Er war ein großer Naturfreund und Liebhaber von Fußreisen. In Thüringen, am Rhein, auf Rügen, im Salzburgischen und in Tirol ist er gewandert. Dabei kümmerte er sich nicht um Wind und Wetter. *Zug* gab es für ihn nur als pure Einbildung. Auch Holland, England und Schweden lernte Schleiermacher kennen.

Über seine Reiseeindrücke berichtet Ehrenfried von Willich: «Eine meiner frühesten Reisen mit meinen Eltern war nach Alexisbad im Selketal im Harz zu einem längeren Badeaufenthalte... Mein Vater hatte einen eignen bequemen Reisewagen (er hatte ihn von der Gräfin Münster gekauft), und wir reisten immer mit Extrapost mit 3 oder auch 4 Pferden, denn die Postmeister wußten das, auch gegen den Wunsch der Reisenden, durchzusetzen. Das war eine Herrlichkeit, wenn der Postillion (oder Schwager wie er damals hieß) seine muntren Stückchen blasend durch die Straßen der Dörfer und kleinen Städte fuhr, dem Gasthof zu... Die Berühmtheit meines Vaters, wenn er den Fremden bekannt wurde, und die Freude, welche sie an seiner Bekanntschaft nahmen, vermehrte noch dieses Interesse und schmeichelte seiner Familie ... Mein Vater war auf Reisen, wo er von Geschäften frei war und auch andere Sorgen hinter sich geworfen hatte, von einer strahlenden Heiterkeit und unterhielt sich gern und viel in seiner gewöhnlichen liebenswürdigen Freundlichkeit und Leutseligkeit mit aller Welt, auch mit Leuten aus dem Volk, die ihn liebten, wiewohl er, besonders auch gegen seine Untergebenen und gegen die Domestiken, einen ziemlich kurzen, herrischen

Schleiermachers Vorlesung von 1809, mit Marginalien aus dem Jahre 1828

Ton hatte. Aber der gemeine Mann fühlt es eben instinktmäßig gleichsam, wer es gut mit ihm meint und wo ihm wahres Wohlwollen entgegentritt. Und wo war dies mehr der Fall, als bei meinem Vater! Ich erinnere mich, daß er einmal sagte: er verstehe nicht, wie man ein Menschenantlitz sehen könne, ohne es zu lieben. Dabei zog die sprudelnde Heiterkeit seines Wesens, die der Grundton bei ihm war, die fröhliche, zu Scherz und Necken gestimmte Laune – was auch von dem reichen überströmenden Quell der Liebe in seinem Herzen kam – alle Welt an und bannte die Leute auf eine wohltuende Weise gleichsam in den Kreis seiner eignen Seelenstimmung. Seine Rüstigkeit, mit der er bis in sein spätestes Alter leistete, was man nur von der Jugend erwartet, zeigte sich besonders auf Reisen. Er unternahm die anstrengendsten Fußpartien in der leichtesten Kleidung und trotzte Wind und Wetter. Wenn die Sonne brannte, zog er wohl den Rock aus und wanderte mit ihm auf der Schulter. Seine Genialität setzte ihn dabei über alle Bedenken hinweg.»

Das Familienleben Schleiermachers war, wenn man dem Bericht seines Stiefsohnes folgt, ideal, aber doch nicht ohne Schatten. Natürlich berichtet der Sohn nicht, daß seine Mutter zu einem seit 1809 im Hause Schleiermachers verkehrenden blutjungen Mann der Berliner Gesellschaft, Alexander von Marwitz, vorübergehend eine so heftige Neigung faßte, daß der wenig später im Freiheitskrieg gefallene Romantiker schon von einer Trennung Henriettes von Schleiermacher träumte. Schleiermacher erfuhr wohl direkt von seiner Frau von der delikaten Sache und gewann seine Frau mit zarter Aufmerksamkeit und Takt zurück. Doch der Schwägerin Charlotte von Kathen gegenüber erwähnt er eine *gar trübe Wolke* über seinem Leben. Drückend wirkte sich auf die ganze Familie die Freundschaft zwischen Henriette Schleiermacher und der Witwe eines Offiziers und Kadettenlehrers, Karoline Fischer, aus, die Hellseherin und Anhängerin des Magnetismus war. Schleiermacher hatte selbst einen Arzt, der Anhänger der magnetischen Heilmethode war, und er war von der Existenz unerforschter Heilkräfte fest überzeugt. Immerhin war er nüchtern genug, Fehler bei der Anwendung magnetischer Kuren zuzugeben, hatte er sich doch immer für empirische Naturwissenschaften interessiert. In Halle befaßte er sich eingehend mit Mineralogie, auf Rügen botanisierte er und noch als Professor besuchte er naturwissenschaftliche Vorlesungen. Seine Frau hingegen glaubte blind an den Magnetismus und sah in Frau Fischer, die von dem Arzt Professor Wolfart bei ihr eingeführt wurde, die größte Wohltäterin ihrer Familie. «Meine Mutter war sogleich völlig von ihr eingenommen, an sie gefesselt und zwar für ihr ganzes

Schleiermacher. Lithographie von Gentili nach Franz Krüger

Henriette v. Willich   Ehrenfried v. Willich

Luise Fischer   Elisabeth   Gertrud   Frau
                     Schleiermacher   Schleiermacher Schleiermacher

        Hildegard Schleiermacher   Nathanael Schleiermacher

Schleiermachers Familie

Leben.» (E. v. Willich) Die Fischer galt Frau Schleiermacher geradezu als eine Offenbarung Gottes. Auf alle Angelegenheiten in Schleiermachers Hause hatte nun die Hellseherin, die ihre Prophezeiungen im Schlafzustand machte, größten Einfluß. Ihre Tochter Luise war im besonderen das Opfer ihrer magnetischen Kuren. Das Mädchen wuchs zusammen mit den Kindern Schleiermachers auf. Schleiermacher ließ sich, obgleich ihm das Treiben der Seherin unsympathisch war, doch den förmlichen Kult gefallen, den seine Frau mit

Charlotte von Kathen

der angebeteten Freundin trieb. Er glaubte das Recht seiner Frau auf Freundschaft tolerieren zu müssen. Über die Ratschläge der Fischer spottete er gelegentlich, obgleich er sich dann doch ihren Kuren pünktlich unterzog. Der Stiefsohn geriet während seiner Entwicklungsjahre stark unter den Einfluß der Hellseherin und konnte sich nur langsam davon befreien. Auch die drei Töchter Schleiermachers, Elisabeth, Gertrud und Hildegard, standen unter dem Einfluß der Frau. Gertrud verlobte sich ganz jung mit einem Bruder der Fischer, einem um vierundzwanzig Jahre älteren Gymnasialprofessor. Die Mutter sah in der Ehe ihrer Tochter mit dem Sonderling Gottes besondere Führung.

Schleiermacher machte wenigstens keinen Einwand. Sein Herz hing besonders an dem jüngsten Sohn Nathanael. Als dieser 1829, erst neun Jahre alt, an Scharlach starb, war Schleiermacher tief getroffen. Aber er faßte sich so in seinem Schmerz, daß er dem Sohn selbst die Grabrede hielt: *Meine teuren Freunde, die ihr hergekommen seid, um mit dem gebeugten Vater am Grabe des geliebten Kindes zu trauern! Ich weiß, ihr seid nicht gekommen in der Meinung, ein Rohr zu sehen, das vom Winde bewegt wird. Aber was ihr findet, ist doch nur ein alter Stamm, der so eben nicht bricht von dem Einen Windstoße, der ihn plötzlich aus heiterer Höhe getroffen hat. Ja, so ist es! Für einen zwanzigjährigen vom Himmel gepflegten* und verschonten glücklichen Hausstand habe ich Gott zu danken, für eine weit längere von unverdientem Segen begleitete Amtsführung, für eine große Fülle von Freuden und Schmerzen, die ich in meinem Berufe und als teilnehmender Freund mit andern durchgelebt habe; manche schwere Wolke ist über das Leben gezogen – aber was von außen kam, hat der Glaube überwunden, was von innen – hat die Liebe gutgemacht: nun aber hat dieser eine Schlag, der erste in seiner Art, das Leben in seinen Wurzeln erschüttert. Ach, Kinder sind nicht nur teure, von Gott uns anvertraute Pfänder, für welche wir Rechenschaft zu geben haben, nicht nur unerschöpfliche Gegenstände der Sorge und der Pflicht, der Liebe und des Gebets: sie sind auch ein unmittelbarer Segen für das Haus, sie geben leicht ebensoviel als sie empfangen, sie erfrischen das Leben und erfreuen das Herz. Ein solcher Segen war nun auch dieser Knabe für unser Haus. Ja, wenn der Erlöser sagt, daß die Engel der Kleinen das Angesicht seines Vaters im Himmel sehen, so erschien uns in diesem Kinde, als schaue ein solcher Engel aus ihm heraus – die Freundlichkeit unseres Gottes ... So stehe ich denn hier mit meinem Troste und meiner Hoffnung allein auf dem bescheidenen, aber doch so reichen Worte der Schrift: Es ist noch nicht erschienen, was wir sein werden; wenn es aber erscheinen wird, werden wir ihn sehen, wie er ist!; und auf dem kräftigen Gebete des Herrn: Vater, ich will, daß, wo ich bin, auch die seien, die du mir gegeben hast. Auf diesen starken Glauben gestützt und von kindlicher Ergebung getragen, spreche ich denn von Herzen: Der Herr hat ihn gegeben, der Name des Herrn sei gelobt dafür, daß er ihn mir gegeben, daß er diesem Kinde ein wenn auch kurzes, doch helles und heiteres und von dem Liebeshauche seiner Gnade erwärmtes Leben verliehen, daß er es so treu bewacht und geleitet hat, daß sich nun dem teuren Andenken nichts Bitteres beimischt, vielmehr wir bekennen müssen, daß wir reichlich gesegnet worden sind durch das liebe Kind.

Der Stiefsohn berichtet: «Es kostete ihm eine fast übermenschliche Anstrengung, die von Tränen und vom tiefsten Herzensweh erstickte Stimme zum Sprechen zu bringen und sich selbst den Trost auszusprechen, an dem es ihn sein Gott nicht fehlen ließ.» Nach dem Tode dieses Kindes rührte sich noch öfter als bisher Lebensmüdigkeit und Hoffnungslosigkeit bei Schleiermacher, aber er überwand sich immer wieder, wenn auch Wehmut zur Grundstimmung seines weiteren Daseins wurde.

Im Familienkreise, wo sein Geburtstag immer als großes Ereignis mit einer Abendgesellschaft gefeiert wurde, hat Schleiermacher auch aus Dichtern vorgelesen. Aber ein enges Verhältnis zur Dichtung hat er kaum gehabt, selbst nicht zu der seines Schwagers Ernst Moritz

Arndt. Die Weimarer standen ihm fern. Goethes Bekanntschaft hatte er 1805 gemacht und 1814 erneuert, aber es ergab sich ein wenig herzliches Verhältnis. Zu Goethes «Wilhelm Meister» bemerkte er kritisch: *Erstens ist die Negativität in dem Helden, in den Subjekten, offenbar zu groß. Die ganze Darstellung ist zu sehr für eine gewisse Klasse berechnet, zwar von dem größten Einfluß auf das Leben des Dichters, aber nicht für die Zeit, wogegen das Allgemeine, was darin ist, durchaus an Willkürlichkeit leidet ...*

Wie Herder gewann er zu Jean Paul eine nähere Beziehung; er besuchte diesen auch in Bayreuth. Am musikalischen Leben nahm Schleiermacher merkwürdigerweise nicht teil, obgleich er hohes Verständnis für das Wesen der Musik verrät. Er war desgleichen ein ziemlich schlechter Theaterbesucher, widmete aber in seiner Ästhetik immerhin der Kunst der Mimik originelle, sehr beachtenswerte Ausführungen: *Das Wesentliche dieser Kunst ist Darstellung der Stimmung durch frei produzierte Bewegungen des Leibes. Einige übergehen sie ganz, weil sie sie nur als ein Annex auf der einen Seite des unwillkürlichen Ausdrucks, auf der anderen der dramatischen Kunst ansehen. Allein mit Unrecht. Andere machen zwei Künste daraus: Mimik und Orchestik. Allein der ganze Unterschied besteht nur darin, daß in der Mimik, Gebärdenkunst, mehr das Einzelne bezeichnend, und also auch das Gesicht der Hauptpunkt ist, in der Orchestik mehr das Ganze der Bewegungen bezeichnend ist, und eben daher die Füße der Hauptpunkt sind, daß hingegen in der Orchestik mehr im Einzelnen die Schönheit der Gestalt erscheinen soll, welche sich in der Mimik nur relativ aus dem Ganzen entwickkelt. Wir nehmen daher beides zusammen und sehen diese ohnedies in einander übergehenden Künste nur an als untergeordnete Abteilungen, an welche wir erst nach Betrachtung des Elementarischen kommen können. Durch die Mimik soll eine momentane Erregung, durch die Orchestik die Stimmung bezeichnet werden. Nun haben wir freilich gesagt, die Kunst solle nicht aus momentanen Erregungen hervorgehen. Das geschieht aber auch nicht bei der Mimik; denn die Darstellung der Erregung ist nur das Moment. Die Mimik ist also nur das Mittelbare, weil erst aus einer Reihe von Stimmungen die Vorstellung entsteht.*

Das Wesen besteht in der Darstellung durch leibliche Bewegung; so ist also die Bewegung das Element der Kunst. In diesem aber ist ein Gegensatz zwischen eigentlicher Bewegung und Stellung als Funktion der Bewegung. Stellung ist das von der Bewegung Übrigbleibende, Bewegung das aus der Stellung Entstehende. Da nun die Kunst in der Leichtigkeit und Stetigkeit besteht, so ist der Hauptkanon der: die Stellung muß so sein, daß die Bewegung mit Leichtig-

Jean Paul. Gemälde von Friedrich Meier

keit daraus hervorgeht, also Harmonie zwischen beiden, und ebenso die Bewegung so, daß sie leicht wieder Stellung werden kann, und
zwar solche, wie eben beschrieben. Alles andere ist Unbeholfenheit
oder Extravaganz...

Sehr bezeichnend ist es für Schleiermacher, daß er schon in Halle
seiner Halbschwester Homer interpretierte. So wurde er in Berlin
eine der tragenden Säulen in der «Graeca», einer kleinen Vereinigung zur Lektüre der griechischen Klassiker. Auch der «Spanischen
Gesellschaft», die für Spanien Interesse wecken wollte, und der Mitt-
wochsgesellschaft, die auf das Jahr 1783 zurückging und der Diskussion von Aufsätzen diente, gehörte er an. Schließlich besuchte er die
Versammlungen der «Gesetzlosen», in denen es um Staats- und Ge-
lehrtensachen ging. Noch einigen anderen Kränzchen hat er offenbar angehört, ein Zeichen dafür, wie sehr er die Gesellschaft schätzte,
in der er seinen scharfen Geist und feinen Humor zur Geltung bringen konnte. Ebenso war ihm ein ausgebreiteter Briefwechsel stets
Bedürfnis.

Er besaß auch eine solide Kenntnis kunstgeschichtlicher Tatsachen.
Seine 1818 mit Georg Reimer und L. v. Plehwe unternommene Reise
durch Böhmen, Salzburg, Tirol und Süddeutschland war an Kunst-

eindrücken besonders reich. 1828 führte ihn der Weg zusammen mit Alexander von Forster über Rotterdam nach England. In seinen Briefen zählt er die Rubens, van Dycks, Potters, Steens, Ruisdaels und Saftlevens, die er im Haag besichtigt, als wohlvertraute Namen auf.

Von den zahlreichen Hausgästen verdient der Name der Bettina von Arnim besonders genannt zu werden. Um 1830/31 nicht mehr jung, schlug sie doch Schleiermacher gegenüber einen neckischen Ton an, sie duzte ihn sogar, worauf er unbefangen einging. Schleiermacher mochte Bettina gern und ließ sich ihre Art gefallen. Durch den Zauber mündlicher Rede wußte sie Menschen zu beeindrucken. Ihr Kultus des Genies war Schleiermacher längst fremd geworden. Bettina sagte einmal zu E. von Willich, sie wisse nicht, ob Schleiermacher der größte M a n n seiner Zeit sei. Sie sei aber gewiß, daß er der größte M e n s c h sei. Der Mensch Schleiermacher zog sie an, zum Christ und Theologen hatte sie kaum Zugang. Zum Bild von Schleiermachers Menschlichkeit gehört auch die treue Sorge für seine ältere Schwester Charlotte, die er 1813 in sein Haus nahm. Er gewann an ihr einen guten Geist seines Hauses und eine liebevolle Erzieherin seiner Kinder. 1825 kehrte Charlotte in ein Berliner Herrnhuter Schwesternhaus zurück.

Nach der Hochzeit arbeitete Schleiermacher sofort am fünften Band des Platon weiter und widmete sich einer Abhandlung über Heraklit. Die Universität wurde im Herbst 1810 offiziell eröffnet. Schleiermacher war von Wilhelm von Humboldt als Berater für die Besetzung der Theologischen Fakultät herangezogen worden. Außer Schleiermacher sollten Marheineke, Augusti, Schulz und Planck berufen werden, aber alle außer Marheineke lehnten ab. Zu Marheineke kam der universal gebildete de Wette hinzu, mit dem Schleiermacher zu einem mehr als nur kollegialen Verhältnis gelangte. Wenig später folgte August Neander, ein Schüler Schleiermachers, auf den Lehrstuhl für Kirchengeschichte. Die Universität hatte 1810/11 256 Studenten, davon 29 Theologen. Im Wintersemester 1809/10, also noch vor der offiziellen Eröffnung der Universität, las Schleiermacher christliche Sittenlehre, Hermeneutik und christliche Glaubenslehre, die nicht nur für Theologen bestimmt sein sollte. 1810 schrieb er für das Wintersemester seine *Kurze Darstellung des theologischen Studiums zum Behuf einleitender Vorlesungen entworfen* (1811 erschienen). In dieser bedeutenden Programmschrift verteidigte er die Theologie als Wissenschaft und ihre Beziehung zum kirchlichen Leben. Der Glaube bedürfe der Theologie nicht als Stütze für die Gewißheit seines Inhalts. Die Aufgabe der Theologie richtet sich teils auf das allgemeine Geistesleben, teils auf das kirchliche Leben. Die

Bettina von Arnim

Theologie gliedert sich in die philosophische, historische (zu der auch die Dogmatik gehört) und praktische Theologie.

Alles was dazu gehört um das Wesen des Christentums, wodurch es eine eigentümliche Glaubensweise ist, zur Darstellung zu bringen, als auch die Form der christlichen Gemeinschaft und zugleich die Art wie beides sich wieder teilt und differenziert, dieses alles zusammen bildet den Teil der christlichen Theologie, welchen wir die philosophische Theologie nennen.

Der Zweck der christlichen Kirchenleitung ist sowohl extensiv als intensiv zusammenhaltend und anbildend, und das Wissen um diese Tätigkeit bildet sich zu einer Technik, welche wir mit dem Namen der praktischen Theologie bezeichnen.

Die Kirchenleitung erfordert aber auch die Kenntnis des zu leitenden Ganzen in seinem jedesmaligen Zustande, welcher, da das Ganze ein geschichtliches ist, nur als Ergebnis der Vergangenheit begriffen werden kann; und diese Auffassung in ihrem ganzen Umfang ist die historische Theologie im weiteren Sinne des Wortes. Sie ist zugleich nicht nur die Begründung der praktischen, sondern auch die Bewährung der philosophischen Theologie.

In dieser Trilogie, philosophische, historische und praktische Theo-

logie, ist das ganze theologische Studium beschlossen. (Darstellung des theologischen Studiums, 2. Ausgabe.)

Schleiermacher brachte die praktische Theologie wieder zu Ehren. Ihr fällt die systematische Ausbildung der kirchenleitenden Tätigkeit zu. Der gedankenreichen Schrift ließ er 1811 als Einleitung zu seinen philosophischen Vorlesungen eine Ausarbeitung der *Dialektik* folgen. 1814, 1818, 1822 und 1828 hat Schleiermacher über sie gelesen und jeweils den Entwurf ausgebaut. Unter Philosophie hat Schleiermacher die Lehre von den Regeln für die Bildung und Verknüpfung philosophischer Begriffe verstanden. Sie war ihm nicht identisch mit einem bestimmten dogmatischen System. Schleiermacher hat seiner Abneigung gegen alles Systemdenken immer kräftigen Ausdruck verliehen. Lebendiges Philosophieren zog ihn mehr an als das Systemdenken. Deshalb fand er weder zu Kant noch zu Hegel einen Zugang, so viel er auch von Kant gelernt hat. Mit Platon verstand er unter Dialektik die Kunst der philosophischen Gesprächsführung.

Gesprächführen im philosophischen Sinne setzt Verschiedenheit der Vorstellungen voraus als Ausgangspunkt, welchen zwei verschiedene Endpunkte gegenüber stehen, entweder der, daß die Vorstellungen der Gesprächführenden dieselben werden, oder der, daß beide Teile sich überzeugen, das Einswerden der Vorstellungen sei nicht zu erreichen. In beiden Fällen hat das Gespräch ein Ende und Dialektik als Kunst ein Gespräch zu führen kann nichts sein als die kürzeste und sicherste Art von einem gegebenen Anfangspunkte zu einem dieser beiden Endpunkte zu gelangen. Es kann uns aber niemals gleichgültig sein, ob wir zu dem einen oder dem anderen Ende kommen. (Dialektik)

In der *Dialektik* geht es wesentlich um die Idee des Wissens und um die Bedingungen, unter denen Wissen entsteht. Philosophie kann deshalb auch als Wissenschaftslehre bezeichnet werden. Da nicht alles Denken ein Wissen ist, sondern nur das, dem ein Sein entspricht, muß die Dialektik sowohl Metaphysik wie Logik sein. Sie hat einen transzendentalen und einen technisch-formalen Teil. In dieser Unterscheidung macht sich der Einfluß Kants auf Schleiermacher bemerkbar. Doch hat Schleiermacher nicht scharf zwischen Transzendentalem und Transzendentem unterschieden, war er doch der Meinung, daß Kant in seinem Kampf gegen die alte Metaphysik neuen Mißverständnissen zum Opfer gefallen sei. Gegen Kant macht er geltend, daß Gott nicht regulatives Prinzip unseres Erkennens sein könne, wenn er nicht zugleich konstitutives Prinzip unseres Seins wäre. Gott ist für Schleiermacher das gegensatzlose, absolute und höchste Sein. Es ist kein Begriff, kein Wissen und kein Objekt, sondern der transzendentale Grund alles Seins, Wissens und Wol-

Wilhelm von Humboldt.
Lithographie von Oldermann
nach Franz Krüger

lens. Schleiermacher berührt sich in dieser Grundthese mit Schelling. Das eine Sein entläßt aus sich das Sein der Welt, ohne daß gesagt werden könnte, wie dies geschieht. Ein Wissen gibt es von der Welt der Erscheinungen. Die Idee der Welt bezeichnet nur die höchste Grenze der Erscheinungen und damit auch unseres Wissens und wird selber niemals Gegenstand unserer Erfahrung, wie schon Kant gezeigt hatte. Die unterste Grenze der Erscheinungswelt ist das Chaos der Sinnesempfindungen, welche durch die von Kant angenommene «Welt der Dinge an sich selber» bedingt sind – eine Annahme, welcher Schleiermacher augenscheinlich nicht bedarf. Mithin ist in der Idee der Welt ein doppeltes Gesetz: die absolute Einheit aller Gegensätze und die absolute Mannigfaltigkeit der Erscheinungen. Die Gegensätze innerhalb der Welt ordnen sich einem höchsten Gegensatz unter, in welchen die Einheit der Welt auseinandergeht: dem Gegensatz des Realen und des Idealen. Hierin schließt sich Schleiermacher an Schelling an. In dem absoluten Sein ist der Gegensatz dieser Potenzen aufgehoben und sind sie identisch, wie ebenfalls Schelling in seiner Identitätsphilosophie gelehrt hatte. In der Welt fahren sie auseinander und verbinden sich miteinander zu den Dingen der Erscheinungswelt in Natur und Vernunft nach dem Gesetz der Polarität. Das bedeutet: die Erscheinungen liegen zwischen beiden Polen, von denen der eine ein Maximum an Natur und ein Minimum an Vernunft, der andere ein Maximum an Vernunft und ein Minimum an Natur darstellt. Das ergibt die Stufenleiter von der leblosen Natur bis hinauf zum Menschen als Vernunftwesen.

Dieser Konstruktion der Welt entspricht die unseres Erkennens. Es kommt zustande durch das Zusammenwirken der organischen und der intellektuellen Funktion. Erstere ist die Wahrnehmung, letzterer ist das Denken zugeordnet; in der Mitte steht die Anschauung.

Gott ist der Terminus a quo und die Welt der Terminus ad quem unseres Erkennens und Wissens.

Gott nicht ohne Welt, weil wir nur von dem durch die Welt in uns Hervorgebrachten auf Gott kommen. Die Welt nicht ohne Gott, weil wir die Formel für sie nur finden als etwas Unzureichendes und unserer Forderung nicht Entsprechendes. In diesem notwendigen Zusammendenken liegt aber auch, daß beides gedacht werde als ineinander aufgehend.

Jedes wirkliche Denken, sofern es durch Approximation der Idee des Wissens entspricht, ist ein Teil der Idee der Welt, wenn gleich diese niemals vollständig wird; sie wird aber doch durch jedes

M. L. de Wette

Hinzufügen mehr ausgefüllt. Wogegen die Idee der Gottheit in gar keinem Verhältnis steht zum Fortschreiten, sondern nur zu jedem einzelnen Denken an und für sich, und zwar so, daß jeder partielle Gedanke und jeder Komplexus sich zu derselben gleich verhält, wie auch natürlich groß und klein, Einheit und Vielheit nicht für sie ist. Es muß also in unserem Erkennen eine beständige Beziehung auf beide stattfinden; aber natürlich wird diese nicht gleich sein. Ich nenne die Richtung auf die Idee der Welt die philosophische oder weltweisliche, die andere die theosophische. – Die letztere endet, wenn sie sich isoliert, in das gymnosophistische Brüten über die Nasenspitze. (Dialektik)

Das Verhältnis von Gott und Welt bestimmt Schleiermacher näherhin wie folgt: Gott und Welt, das heißt Gottesidee und Weltidee verhalten sich zueinander wie Urbild und Abbild. Eines ist nicht ohne das andere, auch haben beide gleichen Umfang und ragt keines über den des anderen hinaus. Sie sind zwar aufeinander bezogen, aber wesentlich voneinander unterschieden. Sie sind als gegensatzlose Einheit und Einheit in der Vielheit einander sogar entgegengesetzt.

Friedrich Wilhelm Joseph von Schelling

Andererseits sind wir nicht befugt, uns ihr Verhältnis anders denn als ein ewiges Zusammen beider vorzustellen. Das absolute Sein enthält das Weltsein und durchdringt es. Gott ist in den Dingen und in uns. Das ist ein an Spinoza gebildeter Pantheismus. In der *Dialektik* leugnet aber Schleiermacher ausdrücklich die Einerleiheit von Gott und Welt und wehrt damit den Pantheismus ab.

Wie bei den Platonikern, so sind auch bei Schleiermacher der Dialektik als allgemeiner Wissenschaft die Physik und Ethik als besondere Wissenschaften untergeordnet. Sie entsprechen dem Gegensatz von Natur und Vernunft (Geschichte). In beiden ist nur ein relatives Wissen erreichbar.

1811/12 las Schleiermacher auch über Geschichte der Philosophie, ein Kolleg, das der Historiker Niebuhr mit höchster Anerkennung bedachte. Anfang 1812 berichtet er Gaß über seine Pläne: *Das Semester läuft ab wie toll, und ich weiß nicht, wie ich zu Ende kommen soll. Mit der Geschichte der Philosophie ist es mir ganz lieb; ich stehe noch bei den Cynikern und werde also vollen Beruf haben, bei den schwierigsten Artikeln, dem Aristoteles und den Neuplatonikern, mich kurz zu fassen, ohne daß die Leute merken, daß ich wenig davon weiß. Mit der theologischen Moral wird es noch so leidlich gehen, die Encyklopädie kann ich tüchtig hinten abkürzen, weil ich nächstes Semester praktische Theologie zu lesen denke. Aber mit der Exegese geht es mir schlecht. Ich habe meinem Plan nach noch beide Timotheus, Titus und zweiten Korinther vor mir und fürchte, letzter wird ganz draufgehen. Man könnte ja vier Wochen gut und gern auf diesen allein wenden. Dies halbe Jahr habe ich besonders darüber zu klagen, daß die Vorlesungen mir ungeheuer viel Zeit kosten, ohne daß ich verhältnismäßig genug dabei lerne. Die Exegese ist das einzige, wobei meine Sammlungen sich mehren. In der Ge-*

Schleiermacher. Büste von Christian Rauch, 1829

Friedrich Wilhelm III.

schichte der Philosophie bin ich zu sehr wenig neuen Untersuchungen gekommen, und auch meine Excerpte haben kaum bedeutenden Zuwachs bekommen, und doch hat sie viel Zeit genommen. Die Darstellung ist wohl besser gelungen, hoffe ich, aber auch davon ist in meine Papiere nichts gekommen. Von der christlichen Moral gilt ganz dasselbe. Im folgenden Semester soll nun zwar zur praktischen Theologie ein guter Grund gelegt werden, das Gerüste muß ich in den Ferien bauen; aber mit der Geschichte der neueren Philosophie, die ich zu lesen denke, um mir die Ethik auf den Winter zu sparen, wird wohl eben so wenig werden, als mit der alten geworden ist. Doch ich will keine Projecte weiter auskramen, es ist mir gar zu oft zu Mute, als würde hier im nächsten Semester nicht ge-

lesen, oder wenigstens nicht von mir. Gott mag wissen, was noch aus unseren politischen Verhältnissen herauskommt.

Die thematische Vielseitigkeit in diesen Jahren ist um so mehr zu bewundern, als daneben eine rege Predigttätigkeit einherging und er zu Beginn des Jahres 1810 auf Humboldts Vorschlag ein Dezernat im Kultusministerium erhielt. Auch spitzte sich die politische Situation immer mehr zu und nahm seine Aufmerksamkeit stark in Anspruch. Auf Drängen der Patrioten entschloß sich Friedrich Wilhelm III. am 16. Juli 1811 zum Bündnis mit Rußland und ordnete Rüstungen an. Als Napoleon darüber Aufklärung verlangte, schien das Verderben nicht mehr abwendbar. Der König schloß nun am 24. Februar 1812 ein Bündnis mit Frankreich gegen Rußland. Scharnhorst und Gneisenau verließen Berlin, Schleiermacher kämpfte weiter für die Erhebung. Am 3. Februar 1813 gab der König endlich Befehl zur Errichtung des freiwilligen Jägerkorps und gab am 17. März den Aufruf «An mein Volk» heraus. Schleiermacher engagierte sich bei der Werbung von Freiwilligen, von denen allein 9000 in Berlin zusammenkamen. Morgens las er vor nur sieben Zuhörern, dann widmete er sich zeitweise der Redaktion des «Preußischen Correspondenten», da dieses Blatt durch den Weggang von Niebuhr und Savigny zu verflachen drohte, und exerzierte mit Handwerkern, Kaufleuten und Studenten im Landsturm. Er dachte daran, als Feldprediger mit den Freiwilligen auszuziehen. Der Eindruck seiner Predigt war stark: «In frommer Begeisterung vom Herzen redend, drang er in jedes Herz, und der volle, klare Strom seiner gewaltigen Rede riß alles mit sich fort.» (F. R. Eylert)

Mit der ängstlichen Zensurbehörde kam Schleiermacher schon damals mehrfach in Konflikt. Ein von ihm verfaßter Artikel im «Preußischen Correspondenten» (Nr. 60 vom 14. Juli 1813) hatte Schleiermacher verdächtig gemacht. Er wandte sich hier gegen den von den Patrioten befürchteten Friedensschluß, *den man nicht als den wahren Anfang einer neuen Ordnung der Dinge ansehen könnte.* Die Besten selbst unter den Friedensrufern werden als *kurzatmige Mitbürger* bezeichnet, die *nachdem sie einen recht guten Ansatz genommen, und die kleine Strecke bis hieher recht wacker mit den Stärkeren gleichen Schritt gehalten, nun von ihrer schwächeren Natur genötigt gern Erlaubnis haben möchten, still zu stehen, um sich von ihrer Erschöpfung zu erholen.* Diejenigen werden als *die nach außen und innen Hellsehenden* hervorgehoben, die glauben, *daß bei den bisherigen Resultaten des Krieges noch kein Friede zu erwarten ist, der Sicherheit gegen einen baldigen neuen Krieg gäbe.*

Schleiermacher hält nichts von einer Verfassung, die durch die Willkür sich durchkreuzender diplomatischer Verhandlungen begrün-

det wäre. Er erinnert in diesem Zusammenhang an den Westfä-
lischen Frieden. Durch eine Kabinettsorder erhielt er einen vorläu-
figen «derben Verweis». Staatsminister von Schuckmann hatte ihn
Schleiermacher mitzuteilen. Er trat erst «ganz böse und wild» auf
und ließ sogar den Vorwurf des Hochverrats laut werden. Im Laufe des Gesprächs gelang es Schleiermacher aber, den Minister von der
Lauterkeit seiner Gesinnung zu überzeugen. Dem König versicherte
der Verdächtigte sofort seine unbedingte Loyalität. Damit war aber
den Verdächtigungen noch kein Ende gesetzt.

Von 1813 an sollte er den Argwohn von Feinden spüren, über
deren Motive er sich oft nicht klarwerden konnte. Es waren die Anhänger des alten Obrigkeitsstaates, denen nie ein Zweifel über die
Richtigkeit ihrer Verwaltungs- und Polizeimethoden kam, die ihm
das Leben schwer machten. Napoleon hatte im Frühjahr 1813 eine
große Armee zur Verfügung. Ihr fiel der Sieg in der Schlacht von
Großgörschen zu. Schleiermacher schickte Frau und Kinder nach Schlesien, verlor aber nicht den Mut. Friedrich Schlegel teilte er am 12.
Juni 1813 sein politisches Be-
kenntnis mit: *Darum ist nach der
Befreiung mein höchster Wunsch
auf ein wahres deutsches Kaisertum, kräftig und nach außen hin
allein das ganze deutsche Volk
und Land repräsentierend, das
aber wieder nach innen den einzelnen Ländern und ihren Fürsten recht viele Freiheit läßt, sich
nach ihrer Eigentümlichkeit auszubilden und zu regieren. Aber
jenes ist nur möglich, wenn kein
dem Kaisertum zugehöriger Fürst
Länder hat, die demselben nicht
angehören, und dieses ist nur
möglich, wenn in die inneren
(nicht militärischen und diploma-
tischen) Angelegenheiten der einzelnen Staaten der Kaiser sich ja
nicht mischt, und hiefür kann es
wieder außer einer sehr weise
eingerichteten Militärverfassung
keine andre Garantie geben als
die Unmöglichkeit eigennütziger
Familien-Absichten und Rück-*

sichten, und der gänzliche Mangel aller despotischen Neigung auf dem Kaiserthron. Da liegen nun die ungeheuren Schwierigkeiten, und ich fürchte, daß jener Wunsch bei der gegenwärtigen Lage der Dinge nicht unmittelbar zu erreichen ist. Sobald von einem Kaisertum die Rede ist, kann wohl niemand anders als an Österreich denken. Ob dieses aber eine solche Garantie in sich hat, ob es sich wohl bei der so scharfen Trennung der Norddeutschen und Süddeutschen, der Katholiken und Protestanten, ein so allgemeines Vertrauen erwerben würde, weiß ich nicht. Ob Preußen den Anfang damit würde machen wollen, auch Schlesien und Preußen dem deutschen Reich einzuverleiben und sich mit seiner ganzen Macht in die Stellung eines deutschen Reichsfürsten hineinzubegeben, ob Österreich liberal genug wäre, um ein solches Kaisertum zu gründen, wie wir es in der gegenwärtigen Zeit brauchen, das alles weiß ich nicht, und kann es nach meiner beschränkten Kenntnis nur bezweifeln.

Endlich brachten die Völkerschlacht bei Leipzig und die Erfolge der Verbündeten im Winter 1813/14 die lang ersehnte Wende. Schlei-

Die Völkerschlacht bei Leipzig: Am 19. Oktober 1813 meldet Fürst Schwarzenberg den verbündeten Monarchen die Niederlage Napoleons

ermacher aber wurde noch 1814 von dem Staatsrechtslehrer Schmalz, dem ersten Rektor der Universität, mit den anderen Patrioten als Revolutionär verdächtigt. Der Angegriffene wehrte sich mit schärfster Satire. Er warf dem Reaktionär und seinen Gesinnungsgenossen vor, das Volksleben zu zerstören, wenn das Volk, das eben doch noch das Heer für die Befreiung des Vaterlandes gestellt habe, staatsfeindlicher Umtriebe bezichtigt werde. Der Protest mißfiel der reaktionären Partei. Keine der patriotischen Hoffnungen fand Erfüllung. Wer wie Schleiermacher für den konstitutionellen Staat eintrat, galt schon als politisch Verdächtiger. Die Staatsleitungen wandten sich der «Demagogenriecherei» zu, von der die Universitäten besonders betroffen waren. Schleiermachers Schwager Ernst Moritz Arndt wurde als Staatsfeind behandelt, sein theologischer Kollege de Wette seines Amts enthoben, er selbst fortwährend verdächtigt. Schon 1814 wurde er aus dem Unterrichtsdepartement entlassen. 1823 mußte er gar auf dem Berliner Polizeipräsidium erscheinen, konnte aber seine Gegner zum Rückzug zwingen. Ein schon vorbereiteter Antrag auf seine Entlassung wurde zurückgezogen. Mit seiner Sympathie für das Turnwesen setzte sich Schleiermacher in Gegensatz zum alten Freund Steffens. Sein Eintreten für den im Dezember 1819 wegen der Abfassung eines Trostbriefes an die Mutter des Mörders Kotzebues verhafteten und bald darauf entlassenen Kollegen de Wette führte zum Streit mit Hegel.

Schleiermacher hatte nichts von Kotzebue gehalten. Schon 1809 urteilte er nach der Aufführung eines Kotzebueschen Theaterstücks in Berlin in einem Brief an seine Braut: *Der Kotzebue ist doch ein niederträchtiger Kerl. Er hat auch nicht die mindeste Vorstellung von wahrer Sittlichkeit und selbst, wo er edle Charaktere aufstellen will, verdirbt er sie auf die gemeinste ekelhafteste Art und man schämt sich ordentlich und ärgert sich, wenn man sich bei einzelnen Situationen rühren läßt, was mir ehrlichem Hunde hie und da begegnet.* Den Mord an Kotzebue verurteilte er. Er fürchtete, daß die unüberlegte Tat Folgen haben werde, besonders für die Universitäten. *Gewiß, was der alte Sünder auch verbrochen hat, es kann keine Hölle für ihn geben, wenn er weiß, welchen Lärm sein Tod auf dieser armen Erde macht; denn seligeres Futter gibt es nicht für seine Eitelkeit. Noch hat die Furcht nicht ganz aufgehört, daß er alle Universitäten mit sich in die Grube ziehen werde.* Daß sich Schleiermacher vor den verdächtigten Kollegen de Wette stellte, war selbstverständliche Freundespflicht für ihn. Die Torheit der Demagogenhetzer hatte er sich nicht groß genug vorgestellt. Am 21. März 1820 schreibt er an Ernst Moritz Arndt: *Seit länger als 14 Tagen ist wieder die ganze Stadt voll davon, daß ich abgesetzt sei oder werden solle.*

Am 20. Juli heißt es: *Unser munteres Studentenvolk, welches sich Gott sei Dank durch alle Plackereien nicht knicken läßt, hat den 18. in Treptow gefeiert, und ich bin auf die Gefahr, daß wieder ein paar verhaftet und über meine ausgebrachten Gesundheiten inquiriert werden möchten, mitten unter ihnen gewesen; denn es tut wohl jetzt mehr als jemals not, sich durch das Leben mit der Jugend zu erquicken.* Schleiermacher mußte es erleben, daß eine junge Dame schon bei bloßer Nennung seines Namens aus einer großen Gesellschaft ging. So unliebsam war er gewissen Leuten, die leider in der Öffentlichkeit den Ton angaben. Sein Herz schlug trotz dieser Widrigkeiten weiter für Preußen. Jede willkürliche Despotie und unsoziale Haltung geißelte er furchtlos. Diese Furchtlosigkeit imponierte den Berlinern, ihr verdankte er die echte Popularität auch in den Volkskreisen, die seine wissenschaftliche Arbeit nicht zu beurteilen und seinen Predigten schwerlich zu folgen vermochten.

Auch in den kirchlichen Kämpfen nahm Schleiermacher eine feste, völlig unbestechliche Haltung ein. Er befürwortete eine durchgreifende Reform der Kirchenverfassung, wobei sein Ziel die Aktivierung der Laien war. Die von diesen gewählten Vertreter sollten die Verwaltung der Gemeinden in die Hand nehmen. Zwar wollte er die Oberaufsicht über das gesamte Kirchenwesen noch der Staatsregierung überlassen. Aber sie sollte diese Aufsicht durch einen aus

Kotzebues Tod. Zeitgenössische Darstellung

Geistlichen, Gelehrten und Finanzbeamten beider Konfessionen bestehenden Kirchenrat ausüben. Aus einem Dreiervorschlag von seiten der zuständigen Kapitel der Geistlichen sollte der König einen Kandidaten zum Bischof erwählen. Die Staatsregierung dürfe den Bischöfen nicht Befehle erteilen; sie habe nur zu *erinnern*. Schleiermacher schwebte die völlige Neuordnung einer deutsch-protestantischen Landeskirche vor. Er ist der Vater der volkskirchlichen Bestrebungen des 19. Jahrhunderts (Alfred Adam). Die Volkskirche ist die feindliche Schwester der damaligen Nationalkirche. «Sie ist die Zusammenfassung der mannigfachen Kirchengemeinden zur geistigen Einheit für den Abschnitt Volk innerhalb der Menschheit; Erinnerungen an die reformierte Organisation in selbständige Gemeinden und frei verbindende Synoden sowie an den sozialen Aufbau der Brüderkirche schwingen mit. Wenn die Menschheitskirche hergestellt wird, fällt auch die Volkskirche. Die Staatskirche wird aufs schärfste abgelehnt; sie ist nicht die andere Seite der Volkskirche, sondern ihr Verderbniszustand. Eine Bekenntnisschrift kann die Volkskirche nicht haben, weil sie die Mannigfaltigkeit der religiösen Überzeugungen auf dem Boden des Volkes zusammenschließt.» (Alfred Adam)

Seinem Kirchenverfassungsentwurf haften gewiß noch zahlreiche Mängel an, aber für die Gemeinden war doch eine feste Grundlage kirchlicher Selbstverwaltung gewonnen. Zum Zuge sind diese Ideen Schleiermachers im ganzen 19. Jahrhundert nicht gekommen. Schon 1819 legte man seine Vorschläge unbeachtet zu den Akten. Warm begrüßte Schleiermacher den Aufruf des Königs zur Union zwischen Lutheranern und Reformierten im Jahre 1817. Er glaubte, der Protestantismus sei über die konfessionelle Trennung des 16. Jahrhunderts hinausgewachsen. Am Reformationsfest 1817 versammelten sich 63 Geistliche, alle Theologieprofessoren und zahlreiche Beamte in der Nikolaikirche, um ein gemeinsames Abendmahl zu feiern. Schleiermacher tauschte mit seinem lutherischen Kollegen Marheineke Brot und Wein. Bruderkuß und Händedruck wurden gewechselt. Die Unionspläne erregten auch scharfen Widerspruch. Der Kieler Archidiakonus Claus Harms wetterte: «Als eine arme Magd möchte man die lutherische Kirche jetzt durch eine Kopulation reich machen. Vollzieht den Akt ja nicht über Luthers Gebein! Es wird lebendig davon und dann – wehe euch!» Schleiermacher setzte sich mit Harms in gemäßigtem Ton auseinander, da er vor dem eigenwüchsigen Prediger Respekt hatte und seine Motive ehrte. Schärfer packte er den doppelzüngigen Dresdner Oberhofprediger von Ammon an, der trotz rationalistischer Grundhaltung Harms beigepflichtet hatte. Die Art, wie der König eine weithin von ihm selbst erarbeitete Gottesdienstordnung zur allgemeinen Einführung brachte, erregte auch bei Schleiermacher Widerspruch. Er bestritt das liturgische Recht des Landesfürsten in einer unter dem Decknamen Pacificus sincerus 1824 in Leipzig erscheinenden Schrift. Zeitweise nahm der Konflikt wegen der Agende solche Formen an, daß Schleiermacher und seine Freunde sich schon auf die Bildung einer Freikirche einstellten. Dazu ist es zum Glück nicht gekommen. Trauernd sah Schleiermacher mit an, wie über den Kämpfen um die Agende die Ansätze zu einer neuen Gemeinde- und Kirchenverfassung fast ganz verkümmerten.

Zu den kirchlichen Kämpfen, die Schleiermacher besonders zwischen 1824 und 1826 unverhältnismäßig viel Zeit kosteten und seine wissenschaftliche Produktion einschränkten, kamen auch persönliche und theologische Spannungen. Der wiedererstarkende Konfessionalismus, in Berlin von seinem Kollegen Ernst Wilhelm Hengstenberg und der von ihm herausgegebenen Kirchenzeitung gefördert, aber auch die Erweckungsbewegung, die in Berlin Baron von Kottwitz und sein Freund, Schleiermachers junger Kollege, Gottreu August Tholuck vertraten, veranlaßte Schleiermacher 1821 bei der Neuausgabe seiner *Reden* zu der Äußerung, es gäbe jetzt eigentlich

nicht mehr die Leute, an die sich einst die *Reden* gewandt hätten. Es erscheine notwendiger, *Reden zu schreiben an Frömmelnde und an Buchstabenknechte, an unwissend und lieblos verdammende Aber- und Übergläubige.* Die restaurative Wendung in der Theologie würde die Wissenschaft untergraben. *Soll der Knoten der Geschichte so auseinandergehen, das Christentum mit der Barbarei und die Wissenschaft mit dem Unglauben?* (Sendschreiben an Lücke) Zuweilen sehnte er sich in ein Dorfpfarramt oder er machte sich Luft mit Goethes Vers: «Könnt ich irgend mehr verdienen, Mich von diesem Volk zu trennen, Das mir Langeweile macht!» 1822 griff Hegel Schleiermachers Lehre vom Gefühl der Abhängigkeit in verletzender Form an und beschuldigte ihn der «thierischen Unwissenheit über Gott». 1827 verweigerte er ihm gar die Mitarbeit an den «Jahrbüchern für wissenschaftliche Kritik». Schleiermacher ignorierte Hegels Ausfälle. Der Hegel-Schüler Marheineke spielte den Kampf auf das kirchenpolitische Gebiet hinüber, verdächtigte Schleiermachers kirchenpoli-

tische Tendenzen und verteidigte die absolute Fürstengewalt in kirchlichen Angelegenheiten.

Das Erscheinen von Schleiermachers Glaubenslehre *Der christliche Glaube nach den Grundsätzen der evangelischen Kirche im Zusammenhange dargestellt* (1821/22, 2. Auflage 1830/31) rief weitere Gegner auf den Plan. David Friedrich Strauß, Ferdinand Christian Baur und der Philosoph Fries äußerten sich ablehnend zu seiner Methode. Baur und Strauß behaupteten, Schleiermacher umgebe sich nur mit dem Schein der Kirchlichkeit. Tatsächlich zerstöre er den christlichen Glauben. Strauß verglich den kunstvollen Bau der Glaubenslehre mit einem modern und elegant eingerichteten Pavillon, in den, abgesehen von ein paar Hauskatzen, alle Leute einzogen. Aber das veraltete Rattennest der herkömmlichen Dogmatik enthalte doch sehr viel mehr Wert an Steinen und Eisenwerk, als das neue, unsolide gebaute Gartenhäuschen.

Spöttisch unterstellte auch August Wilhelm Schlegel dem Verfasser der Glaubenslehre den Versuch der Täuschung:

> Der nackten Wahrheit Schleier machen
> ist kluger Theologen Amt
> und Schleiermacher sind bei so bewandten Sachen
> die Meister der Dogmatik insgesamt.

Die alten Rationalisten vermochten überhaupt nicht zu folgen. Der Mann, dem Schleiermacher sein Werk hatte widmen wollen, der Gefühlsphilosoph Friedrich Heinrich Jacobi, war 1819 gestorben. Die Freunde Gaß und de Wette äußerten sich positiv. Der eine glaubte, daß mit dieser Dogmatik eine neue Epoche nicht nur in dieser Disziplin, sondern im ganzen theologischen Studium beginnen werde, der andere schrieb: «Ich lebe jetzt ganz mit Dir und Deiner Dogmatik, die ich ordentlich lese. Wie erstaune ich darüber, mit Dir in wesentlichen Punkten so sehr zusammenzutreffen, aber auch wie Vieles habe ich daraus gelernt. Du bist ein Meister! Wie sicher ergreifst Du immer den Mittelpunkt und fassest alle Endpunkte zusammen! Ich nehme keinen Anstand, dies für die erste christliche Dogmatik zu erklären, die wir haben. Ich komme mir mit Allem, was ich bisher gemacht habe, recht schülerhaft vor.»

Schleiermacher war sich dessen bewußt, daß er mit der Glaubenslehre sein Lebenswerk schuf. Seit 1819 hatte er zielstrebig daran gearbeitet. Am 9. Januar 1819 schreibt er darüber: *Meine Dogmatik ist nun angefangen zu schreiben an drei verschiedenen Enden, Anfang der Einleitung, Anfang des ersten Teils und Anfang des zweiten. Ich fing nämlich erst Mitte November an, damit mich mein Ge-*

August Wilhelm Schlegel.
Gemälde von Adolf Hohneck

burtstag in diesem großen Werk sollte begriffen finden; damals nun war ich im ersten Teil schon sehr vorgerückt, konnte meine Vorlesungen nicht mehr einholen, und ließ, als ich bald darauf den zweiten Teil anfing, den ersten liegen, um nur im zweiten gleichen Schritt zu halten, und das habe ich bis jetzt getan. Vom ersten Teil ist nur die Lehre von der Schöpfung nebst den Anhängen von Engeln und Teufeln fertig; und die im Sommerhalbjahr gelesene Einleitung habe ich nebenher angefangen, aber es sind nur einige Paragraphen davon geschrieben. Indeß glaube ich, daß das fertige doch zehn bis zwölf Bogen schon beträgt, so daß ich unter dreißig Bogen wohl nicht abkomme. Der Einfall kam mir in einer recht guten Stunde, und ich konnte ihm nicht widerstehen; auch fühle ich mich seitdem ganz besonders frisch und tüchtig und bin mit dem gefertigten ziemlich zufrieden. Die äußere Form ist ganz die gewöhnliche; und das macht sich wunderlich, daß die Hauptsachen fast immer nicht in den §§ stehen, sondern in den Erläuterungen; ich weiß es aber nicht zu ändern, und tröste mich über den Mißstand damit, daß doch nun die Leute ordentlich lesen müssen, denn der würde bald aufhören, der eine flüchtige Übersicht nehmen und bloß die §§ lesen wollte. Die christlichen Glaubenssätze sind *in der Rede dargestellte Auffassungen der christlich frommen Gemütszustände.* Die Glaubenslehre ist damit als eine beschreibende Wissenschaft verstanden. Als solche erkennt sie, daß die christliche Frömmigkeit von dem Impuls abhängt, den Jesus als Erlöser der Weltgeschichte gegeben hat. Die christliche Frömmigkeit ist *die zur eigenen Tat gewordene Tat des Erlösers.* Von Christus geht ein neues geschichtliches Gesamtleben aus. Die christliche Religion ist mit Jesus Christus in die Geschichte eingetreten und bleibt in ihrem geschichtlichen Bestand und mit allen inneren Glaubenserfahrungen an diese Gestalt der Geschichte gebunden. Der christozentrische Zug der Glaubenslehre ist nicht ein Ergebnis von Schleiermachers Spekulation. Er meint den wirklichen, geschichtlichen Jesus Christus, und seine christologischen Aussagen sind von der christlich-frommen Erfahrung, nicht von der philosophischen oder dogmatischen Spekulation her gemacht. Der Erlöser als wirkliche Person der Geschichte ist Grund und Ursache der Erlösung. Durch die Gemeinschaft mit Christus werden die Gläubigen wiedergeboren. Die Wiedergeburt besteht aus den Momenten der

Schleiermacher. Stich von A. Andorff

August Vilmar

Johannes von Hofmann

Bekehrung, des Glaubens als dem *Aufnehmenwollen der Impulse Christi* und der Rechtfertigung. Letztere stellt als *ruhendes Bewußtsein* das dar, was Reue und Glauben als Willensregungen ausdrücken. Das Leben der Wiedergeburt wird festgehalten und entfaltet in der Heiligung. In der Kirche vereinigen sich die an Christus Gläubigen, der Heilige Geist ist der von Christus ausgehende Gemeingeist und verbürgt die Lebenseinheit der christlichen Gemeinschaft.

Da, wie man sieht, Schleiermacher von der christlichen Gemeinde und ihrem religiösen Besitz ausgeht, spielen die Überlieferung der Kirche, ja selbst die Bibel, nur eine untergeordnete Rolle. Schleiermachers treueste Schüler August Twesten und Alexander Schweizer haben in dieser Hinsicht andere Wege beschritten und sind weit über den Lehrer hinausgegangen. Besonders Schleiermachers kritische Distanz gegenüber dem Alten Testament wurde nicht von ihnen übernommen. Es ist hier nicht möglich, den kunstvollen Aufbau der Glaubenslehre und ihren Beziehungsreichtum – Schleiermacher bleibt als Verfasser der Glaubenslehre immer auch Philosoph, Dialektiker und Psychologe – näher zu würdigen. Schleiermacher hat in einem Brief an Jacobi 1818 selbst angedeutet, was ihm vorschwebte: *Meine Philosophie und meine Dogmatik sind sehr entschlossen, sich nicht zu widersprechen; aber eben deshalb wollen auch beide niemals fertig sein, und so lange ich denken kann, haben sie immer gegenseitig an einander gestimmt und sich auch immer mehr angenähert.* Im selben Subjekt können Glaube und Philosophie geeint sein. Grundlage von Schleiermachers Philosophie ist ein lebendiger Gottesbegriff. Auf ihm gründet die Dialektik wie die Ethik. Wenn Ludwig Feuerbach Religion als egoistische Selbsttäuschung verstand oder Hegel Schleiermachers Theologie als subjektivistische Gefühlsschwärmerei abtat, trafen sie nicht Schleiermachers tragenden Ansatz. Für ihn war Gott das *Woher des Abhängigkeitsgefühls.* Das Gefühl besteht nicht in einem Auf und Ab von Gefühlen, sondern es begleitet den Menschen als unmittelbares Selbstbewußtsein, in dem wir uns unser als von Gott ergriffen und umgriffen unmittelbar bewußt werden. Das Gefühl ist also nicht emotional oder mystisch gemeint, sondern ontologisch. Es handelt sich um ein unmittelbares Bewußtsein davon, daß der Mensch mitsamt der Welt in Gott begriffen ist.

Schleiermachers Glaubenslehre hat alle Theologen des 19. Jahrhunderts beschäftigt, auch diejenigen, die sich wie Biblizisten und konfessionelle Theologen (Johann Tobias Beck, Claus Harms, Wilhelm Löhe, August Vilmar) von ihm loslösten. Die Erlanger Schule und ihr bedeutendstes Haupt, Johannes von Hofmann, sind ebensowenig ohne Schleiermacher zu denken wie die sogenannte Vermittlungstheologie, zu der sich Schleiermachers Schüler im engeren Sinne rechneten (Friedrich Lücke, Friedrich Bleek, August Twesten, Alexander Schweizer, Carl Immanuel Nitzsch, W. Gaß, u. a. m.). Unter den Berliner Kollegen Schleiermachers waren von ihm maßgeblich Wilhelm Martin Leberecht de Wette und August Neander beeinflußt. Scharf bekämpfte hingegen Schleiermachers Fakultätsgenosse Ernst Wilhelm Hengstenberg, sekundiert von G. A. Tholuck, die Glaubenslehre. Hengstenbergs «Evangelische Kirchenzeitung» behauptete 1830, die von Schleiermacher geforderte evangelische Freiheit sei lediglich Freiheit vom Evangelium. Schleiermacher sei keineswegs der Überwinder des Rationalismus und Begründer eines neuen Glaubens. Er vermische Pantheismus und Christentum, seine Dogmatik sei theologischer Schwindel. Aber die so polemisierten, kamen selbst nicht an Schleiermacher vorbei. Auch die spekulative Theologie ging an Schleiermacher nicht vorüber (Julius Müller, Isaak August Dorner, Richard Rothe). Schleiermacher wollte keine Nachbeter.

Gegner kenne ich im allgemeinen nur, wo es Absichten gilt und Taten; der Denker hat nur Mitarbeiter, der Schriftsteller hat nur Leser, und ein anderes Verhältnis kenne ich bei beiden nicht. Hätte ich nun die Absicht gehabt durch mein Buch (die *Glaubenslehre*) *eine Sekte zu stiften oder eine Schule: so könnte ich Gegner haben. Davon weiß*

Schleiermacher

Linke Seite: Notizen Schleiermachers zur Ethik-Vorlesung, 1829

ich mich aber völlig frei; und wenn mir hier oder dort einer diese Absicht untergelegt hat, so ist er für mich doch immer nur ein Leser, auf den ich aber freilich einen Eindruck gemacht habe, der mir nicht ganz erwünscht sein kann, weil er nicht wahr ist. (Erstes Sendschreiben an Dr. Lücke über die «Glaubenslehre»)

Auf dem Boden der Reformation, aus der eine vom Katholizismus deutlich abgehobene, weil nicht *kirchlich* vermittelte, sondern aus persönlicher Erfahrung erwachsene *eigentümliche Gestaltung der christlichen Gemeinschaft* hervorgegangen war, wollte er eine von allem Symbolzwang freie, wissenschaftliche Dogmatik gemeinprotestantischen Charakters entwickeln. Alle, die mit ihm in diesem Programm übereinstimmten, waren ihm als Weggefährten angenehm. Aus der gemeinsamen Arbeit würde sich nach seiner Meinung auch eine reiche Übereinstimmung aller protestantischen Theologen entwickeln.

Aus der Lehrtätigkeit erwuchsen laufend neue Projekte. 1812 las er über das Johannesevangelium, 1817 veröffentlichte er den *Kritischen Versuch über die Schriften des Lukas*, wo er die evangelische Überlieferung auf das urchristliche Gemeindeleben und dessen mündliche Überlieferung zurückführt. 1832 wies er im Matthäusevangelium eine Spruchsammlung nach. Seine Anregungen waren von bahnbrechender Bedeutung für die neutestamentliche Forschung. 1818 las er Psychologie. Der Plan einer Veröffentlichung der philosophischen Ethik, von dem 1815 und wieder 1820 die Rede ist, wurde aufgegeben. 1826, und schon 1813/14, hielt er seine Vorlesungen über Pädagogik. Die Früchte seines immensen Fleißes und Geistes – er lehrte zeitweise drei Stunden täglich vom Katheder – wurden von seinen Schülern in der Gesamtausgabe seiner Werke und in Einzelausgaben zugänglich gemacht.

Schleiermacher war sich schon 1829 darüber klar, daß er nicht die ganze Ernte seines arbeitsreichen Lebens selbst einbringen werde. *Mein Gefühl sagt mir, daß ich nur noch eine kleine Anzahl frischer Jahre vor mir habe, und da scheint es mir pflichtmäßiger, die noch womöglich zum Schreiben zu verwenden, damit es noch eine Ernte gebe und nicht mein ganzes Feld bloß als Grünfutter abgeschnitten werde.* (Brief an seinen Schüler Twesten.)

Die letzten Lebensjahre brachten Schleiermacher zahlreiche Ehrungen. 1831 erhielt er den Roten Adlerorden III. Klasse, die erste Auszeichnung seines Lebens. Schleiermacher nahm die Ehrung gern an, bemerkte aber, daß dieser wie ein freundlicher Stern in sein herannahendes Alter hineinleuchtende Orden *manches Trübe und Dunkle in der Vergangenheit mit einem milden Glanz* überdecke. Es folgten Einladungen von Prinzen, die früher nicht daran gedacht hatten. Seine Predigten wurden von der geistigen Elite besucht. «Hinreißend war die Schärfe des Gedankens, hinreißend vorzüglich sein eignes, inneres Erregtsein, wenn nach ruhiger, klarer Erklärung des Textes und Entwicklung des Stoffes nun die rednerische Gewalt des bewegten Gemütes den Hörer nötigte, auf dem vorher sorgfältig bestimmten Wege nun auch zu wandeln.» So urteilten nicht wenige seiner Zuhörer. Unter denen, die zu Erweckungspredigern wie Johannes Goßner abwanderten, war auch Schleiermachers Frau. Aber ihn focht das nicht an, ja er redete ihr zu, Goßner zu hören. Mochte jeder seine Erbauung entsprechend der eigenen Individualität suchen. Schleiermacher hielt seine Predigten nach mehrstündigem konzentriertem Nachdenken. Er schrieb sie seit Ende 1792 nicht mehr auf, so daß alle überlieferten Predigten auf nachträgliche Niederschriften zurückgehen. Er predigte in ruhiger Haltung und gebärdenlos, aber mit heller, weitreichender Stimme. Sein Auge zog die Hörerschaft nicht weniger in Bann als der logische Gedankenaufbau. Die Predigten waren schon in Halle ein gesellschaftliches Ereignis. In Berlin sammelte sich eine ausgesprochene Personalgemeinde um den berühmten Prediger. Dem Aufbau der Predigt widmete Schleiermacher schon seit den ersten Predigten große Aufmerksamkeit. Er baut entweder das christliche Leben von der Bibel her folgerichtig auf oder er sucht für konkrete ethische Situationen nach den biblischen Weisungen. Das christliche Hauswesen und der politische Bereich nehmen in den Predigten einen bevorzugten Platz ein. Zahlreiche Predigtsammlungen beweisen das Interesse für Schleiermachers Predigten. Adele Schopenhauer verdankte einer Predigt die Anregung zu einem inneren Erneuerungsprozeß. Vom Stil der Erweckungspredigt hielt sich Schleiermacher völlig fern.

In den Vorlesungen hatte Schleiermacher eine große, aber doch nicht sensationell hohe Zuhörerschaft. 1830/31 hatte die Berliner Universität bei insgesamt 2488 Studenten allein 641 Theologen. Dieser hohe Anteil von Theologen an der Frequenz der Universität ist gewiß wesentlich aus Schleiermachers erfolgreichem Wirken zu erklären. David Friedrich Strauß gibt seinen Eindruck von der Dozententätigkeit Schleiermachers und von seinem Kanzelvortrag folgendermaßen wieder: «Schleiermacher trug bekanntlich frei, höchstens nach ganz summarischen Entwürfen, vor, wie er auch seine Predigten, nach einiger vorgängigen Meditation, auf der Kanzel frei zu produzieren pflegte. Die Zahl seiner Zuhörer in Kirche und Hörsaal, die tiefe und nachhaltige Anregung, die sie von ihm erfuhren, das unauslöschliche Andenken, das sie seinen Vorträgen bewahren, sind ebensoviele Beweise, daß er hierin Außerordentliches geleistet hat. Aber man mußte sich an seine Manier erst gewöhnen. Was mich betrifft, so hatte ich allerdings, als ich nach Beendigung meiner Universitätsstudien von Tübingen nach Berlin kam, von einem freien Vortrag überhaupt noch keine Erfahrung. Dafür aber war ich durch genaue Kenntnis von Schleiermachers Schriften und durch philosophische Studien mehr als seine gewöhnlichen Zuhörer auf seine Vorlesungen vorbereitet. Dennoch wurde es mir nicht leicht, mich in seine Art zu finden, und eigentlich befriedigt hat er mich nach halbjähriger Probe auf der Kanzel mehr als auf dem Katheder. Die allgemeinen Mängel, die mehr oder minder jedem freien Vortrag anhaften und die man die stilistischen im weiteren Sinne nennen könnte, waren seinen Kanzel- und Kathedervorträgen gemein und wurden durch die Lebendigkeit seiner mündlichen Vorträge mehr als gut gemacht. Der besondere Mangel seiner Kathedervorträge lag in eben dem Punkte, worin zugleich ihr Vorzug lag, nämlich darin, daß seine Methode dabei ausschließlich die dialektische war. An sich, was kann für den Zuhörer lehrreicher sein, als wenn ihm der Lehrer nichts in Form einer toten Notiz, sondern alles als Problem vorlegt, dessen Lösung sie nun gemeinschaftlich suchen gehen? Wenn er ihm seine Gedanken nicht als fertige überliefert, sondern sie vor ihm werden, wachsen, sich verwickeln und entwickeln läßt? Lobt man nicht in wissenschaftlichen Schriften vor allem die genetische Darstellung? Aber zwischen ihr und jener Vortragsweise ist noch ein wesentlicher Unterschied. Die genetische Darstellung geht von dem schon gewordenen Gedankenganzen aus und stellt dieses in seinem Werden dar, aber nicht, wie es wirklich geworden ist, wobei es ohne allerhand Zufälligkeiten und Unregelmäßigkeiten nie abgeht, sondern so, wie es eigentlich hätte werden sollen: die genetische Darstellung ist, wie jede künstlerische oder wissenschaftliche, eine ideale. In ihr ist Schleiermacher in seinen von ihm selbst herausgegebenen Schriften ein unübertroffener Meister, und eben auf dieser Eigenschaft beruht das unvergleichlich Anregende und Lehrreiche, was wir an ihnen kennen. Sprach er hingegen vom Katheder, so hatte er freilich die allgemeinen Ergebnisse auch schon fertig und die Gedankengänge, mittelst deren er zu denselben gelangt war, für sich schon oft durchlaufen; aber nun sollten diese Gedankenreihen, die er in der Muße des Studierzimmers gesponnen hatte und bei ruhiger schriftlicher Ausarbeitung in aller idealen Regelmäßigkeit dargestellt haben würde, in rascher, mündlicher Improvisation neu hervorgebracht werden. Daß hiebei der Zufall seine Rolle spielte, die fein gesponnenen Fäden sich bisweilen verwirrten, die verwirrten abgerissen wurden, die ganze Darstellung keineswegs das Gepräge der Ordnung und Regelmäßigkeit, sondern stellenweise sogar das der Zerfahrenheit oder Verworrenheit trug, liegt in der Natur der Sache. In Betreff des Predigens gibt

David Friedrich Strauß

Schleiermacher selbst einmal (Predigten, erste Sammlung, Nachschrift zu der Zueignung) den Rat, der Redner von ruhigerem Naturell möge, ohne den Buchstaben bestimmt ausgearbeitet und ins Gedächtnis gefaßt zu haben, die Kanzel besteigen, der beweglichere dagegen sich lieber von Anfang an das vorher geschriebene Wort binden, um so zu der Ruhe und Mäßigung zu gelangen, welche dem Zuhörer das klare Auffassen erleichtert. Schleiermacher stand seiner Natur nach entschieden auf der Seite der höchsten Lebendigkeit und quecksilberartigen Beweglichkeit; auf der Kanzel hatte diese in dem Gefühlston, der doch immer eine gewisse Getragenheit mit sich bringt, ein Gegengewicht; auf dem Katheder fiel dieses hinweg, und da überließ er sich seiner Rastlosigkeit im Aufnehmen und Wiederfallenlassen der Probleme, im Anfassen einer Sache bald von der, bald von jener Seite, die dem Zuhörer Schwindel erregen konnte, wenn nicht die lebendige, stets treffende und anschauliche Rede des gegenwärtigen Lehrers ihn an der Hand gehalten und auch über die Klüfte der Darstellung hülfreich mit hinübergerissen hätte.»

1830 wurde Otto von Bismarck von Schleiermacher, dessen Konfirmandenunterricht er mit seinem Bruder besucht hatte, eingesegnet.

Schleiermacher am Katheder

Über den Konfirmandenunterricht und die Wirkung der Predigten Schleiermachers urteilt sein Stiefsohn: «Meines Vaters Konfirmandenunterricht war berühmt und hat wohl vielen eine mächtige Anregung gegeben. Von mir kann ich das kaum sagen. Obgleich er seine Rede dem Verständnis seiner jugendlichen Hörer anzupassen suchte und es wohl auch verstand, so war sie doch nicht im gewöhnlichen Sinne sehr fesselnd und anregend. Er hatte auch hier die Tendenz, weniger Fertiges zu geben, als das Selbstdenken zu wecken und zu entwickeln. Dadurch sprach er aber weniger unmittelbar das Gefühl an, als es wohl vielen ein Bedürfnis ist. Auch ist es mir immer auffallend gewesen, so oft Leuten zu begegnen, welche mit Wärme und Begeisterung von jenem Religionsunterricht, den sie genossen hatten, sprachen, bei denen ich doch von dem eigentlich christlichen Geiste so wenig wahrnehmen konnte. Es war, als ob es ihnen mehr ein geistiger Genuß gewesen wäre, als eine Quelle tiefgehenden, das Innere ergreifenden Lebens. Dasselbe habe ich freilich auch oft bei solchen bemerkt, welche seine Predigten nicht genug preisen konnten. Charakteristisch ist die Äußerung, welche ich mehr als einmal bei solchen Gelegenheiten vernahm, daß sie, seitdem Schleiermacher nicht mehr unter den Lebenden sei, oder doch s i e ihn nicht mehr hören konnten, sie gar keine Predigten mehr hören möchten. Das war freilich nichts weniger als im Sinn und in der Absicht meines Vaters, und es stehen dem Gottlob! auch unzählige Fälle solcher gegenüber, die das Erwachen eines wahrhaft christlichen Bewußtseins von seinen Predigten datieren... Meines Vaters Predigten dagegen regten mich je länger desto mehr lebendig und tief an in dem Maß, als mein Verständnis dafür wuchs. Er ging nie darauf aus zu rühren; seine Sprache war ohne allen gesuchten Schmuck. In großer Ruhe begann er stets seine Gedanken zu entwickeln, klar und einfach, aber unwillkürlich steigerte sich seine Empfindung, die Sprache wurde lebendiger und wärmer, und wenn dann wohl ein Moment eintrat, wo er seine Bewegung, wie er es eine Zeitlang mit Anstrengung versucht hatte, nicht mehr bemeistern konnte, seine Stimme plötzlich zusammenbrach und man Tränen in seinen Augen sah, dann war der Eindruck auf die Zuhörer ein überwältigender. Denn dann waren die Gedanken und Empfindungen, die ihn beseelten, gewiß von einer Tiefe, die auch den Zuhörer mächtig ergreifen mußte. Von flüchtig und gewaltsam hervorgerufener Rührung hielt er nichts und vermied sie absichtlich, so sehr er vermochte.»

1831 mußte sich Schleiermacher gegen die Bezeichnung eines Führers der seit der Juli-Revolution in Berlin entstandenen demokratischen Partei wenden. Bei dieser Gelegenheit gab er ein interessantes Selbstbekenntnis ab: *Ich muß e r s t l i c h den pomphaften Namen des g r o ß e n ablehnen, da wir Deutsche uns dieses Wortes mit einer solchen Sparsamkeit bedienen, daß es von einem Manne meines Schlages nicht füglich gesagt werden kann ohne ihn lächerlich machen zu wollen, was ich doch nicht zu verdienen glaube.*

Z w e i t e n s bin ich ebensowenig der e r s t e c h r i s t l i c h e R e d n e r D e u t s c h l a n d s – ich glaube, das war der Ausdruck; auch können meine Kanzel-Vorträge, da ich sie nicht vorher aufschreibe, keine Meisterstücke der Beredsamkeit sein. Aber als Prediger e r h a b e n sein zu wollen, wäre sogar gegen meine Grundsätze. Je erhabener das Evangelium selbst ist, desto einfacher darf die Predigt sein.

D r i t t e n s. Wir beten sonntäglich, daß Gott dem König die Weisheit verleihen wolle, deren er bedarf, um den ihm von Gott auferlegten Pflichten zu genügen. Aber wir wissen dabei von keinen andren W ü n s c h e n d e s V o l k e s, als von dem «unter dem Schutz und Schirm des Königs ein geruhiges Leben zu führen und dem Ziel der christlichen Vollkommenheit näher zu kommen.» Dies, mein Herr, ist die Sprache unsrer protestantischen Kanzel und von dieser Sprache habe ich mich niemals entfernt.

V i e r t e n s. Es ist sehr wahr, daß mir für einige Zeit u n t e r s a g t g e w e s e n i s t z u p r e d i g e n, aber das Verbot kam von meinem Arzt.

F ü n f t e n s: Gehöre ich zu keiner linken Seite. Ihre Ausdrücke:

Altar und Kanzel der Dreifaltigkeitskirche. Aquarell von E. Gärtner, 1847

rechte und linke Seite, linkes und rechtes Centrum, sind unsren Verhältnissen völlig fremd; und wenn Ihr Correspondent in Wahrheit ein Preuße wäre, so würde er sich nicht solche Abteilungen ersonnen haben, die sich bei uns niemand wird aneignen mögen. Vorzüglich würde er nicht von einer linken Seite geredet haben, welche Gedanken an eine Revolution im Hinterhalt hätte. Wir haben seit dem Tilsiter Frieden reißende Fortschritte gemacht, und das ohne Revolution, ohne Kammern, ja selbst ohne Preßfreiheit; aber immer das Volk mit dem König und der König mit dem Volk. Müßte man nun nicht seiner gesunden Sinne beraubt sein, um zu wähnen, wir würden von nun an besser vorwärts kommen mit einer Revolution? – Darum bin ich meines Teils sehr sicher, immer auf der Seite des Königs zu sein, wenn ich auf der Seite der einsichtsvollen Männer des Volkes bin.

1833 unternahm Schleiermacher eine Reise nach Schweden und Dänemark. In Kopenhagen wurde er enthusiastisch gefeiert. Die Studenten brachten ihm einen großen Fackelzug und sangen ein Huldigungslied. In Stockholm sah er den Jugendfreund Brinkmann. Weihnachten 1833 verlobte sich die jüngste Tochter Hildegard mit Max von Schwerin, dem Sohn des Schleiermacher befreundeten Grafen Karl Heinrich von Schwerin, der in Putzar bei Anklam sein Gut besaß. Am 6. Februar 1834 war Schleiermacher nach einem der Familie verschwiegenen Anfall heftiger Schmerzen im Kreise seiner Lieben. In der nächsten Nacht brach eine schwere Lungenentzündung aus, die am 12. Februar zum Tode führte, auf den sich Schleiermacher bewußt vorbereitete. Seine Frau hat die letzten Tage genau beschrieben. Vier Ärzte behandelten den Todkranken, der jede Anordnung gehorsam befolgte und keinen Laut der Klage und Unzufriedenheit laut werden ließ. «Einmal sagte er: *ich bin doch eigentlich in einem Zustand, der zwischen Bewußtsein und Bewußtlosigkeit schwankt* (er hatte nämlich Opium bekommen, das ihn viel schlummern machte), – *aber in meinem Inneren verlebe ich die göttlichsten Momente – ich muß die tiefsten spekulativen Gedanken denken und sie sind mir völlig eins mit den innigsten religiösen Empfindungen.* Einmal hob er die Hand auf und sagte sehr feierlich: *hier zünde eine Opferflamme an.* Ein anderes mal: *den Kindern hinterlasse ich den johanneischen Spruch: liebet euch untereinander.* Wieder ein anderes mal: *die guten Kinder, welch' ein Segen Gottes sind sie uns.* Ferner: *ich trage Dir auf, alle meine Freunde zu grüßen und ihnen zu sagen, wie innig lieb ich sie gehabt habe.* Am letzten Morgen erklärte er feierlich: *Ich habe nie am toten Buchstaben gehangen und wir haben den Versöhnungstod Jesu Christi, seinen Leib und sein Blut. Ich habe aber immer geglaubt und glaube auch jetzt noch, daß der Herr Jesus das Abendmahl in Wasser und Wein gegeben hat.*

Während dessen hatte er sich aufgerichtet, seine Züge fingen an sich zu beleben, seine Stimme war rein und stark. Er fragte mit priesterlicher Feierlichkeit: *Seid Ihr auch eins mit mir in diesem Glauben, daß der Herr Jesus auch das Wasser in dem Wein gesegnet hat?* worauf wir ein lautes Ja antworteten. *So lasset uns das Abendmahl nehmen, Euch den Wein und mir das Wasser* sagte er sehr feierlich.» Gleich nach der gemeinsamen Abendmahlsfeier starb er.

Seine Beisetzung auf dem Dreifaltigkeitsfriedhof hatte den Charakter einer allgemeinen Volkstrauer. Der Historiker Ranke berichtet, daß zwanzig- bis dreißigtausend Menschen die Straßen füllten. Alles ging zu Fuß. «Ich erinnere mich, welch einen Eindruck es auf mich machte, als wir Schleiermacher begruben, und die ganze lange Straße hinab an allen Fenstern, an allen Türen geweint ward.» Ein anderer Teilnehmer schildert das Begräbnis folgendermaßen: «Vielleicht sah Berlin nie ein solches Trauerbegräbnis. Alles schloß sich der Leiche an, und der Zug ging endlos durch die Straßen. Man ließ die Wagen leer nachfahren, in denen man ins Trauerhaus gekommen war und ging (vielleicht fünfviertel Stunden) zu Fuß dem Sarge nach: Generale und frühere Minister, die Räte des Ministeriums und die Geistlichkeit, die katholische wie die evangelische, Lehrer der Universität und der Schulen, Studierende und Schüler, alt und jung – man möchte sagen Freund und Feind. Es war eine Anerkennung des Geistes, wie sie selten gesehen wird.» Die akademische Trauerrede hielt Professor Henrik Steffens. Er wies aus persönlicher Vertrautheit mit Schleiermacher auf die Tiefe des Gemüts und die Reinheit der Gesinnungen des Verstorbenen hin. Ein Nachruf in der «Spenerschen Zeitung» rief zu Spenden für eine Denkmünze mit dem Bildnis Schleiermachers auf. Am 24. April 1840 folgte Henriette Schleiermacher ihrem Mann im Tode nach. Bis zuletzt war sie ihrer seltsamen Vorliebe für die Freundin und deren Familie treu geblieben.

Schleiermachers geschichtliche Bedeutung hängt mit der Kraft seiner Persönlichkeit zusammen. Der kleine, zarte Mann hat seit seinem Eintritt in den Kreis der Romantiker zu den führenden Kräften des deutschen Idealismus gehört und war neben Johann Gottfried Herder der einzige unter den deutschen evangelischen Theologen, der die nationale Bildung führend beeinflußte. Die furchtlose Wahrhaftigkeit Schleiermachers, seine ausgebreitete Tätigkeit als Prediger, Seelsorger und Ratgeber offenbarte immer wieder neu das Wesen einer reichen, geistvollen und gemütbegabten Persönlichkeit. «Durch

Schleiermachers letzte Erbauungspredigt am 2. Februar 1834

ihn wurde Berlin anders.» (H. Steffens) Hinter dem Wirken des Wissenschaftlers und preußischen Patrioten darf Schleiermachers Dienst als Prediger nicht zurücktreten. Im Predigtamt sah er die Mitte seines Tuns. Von der Kanzel übte er Erziehung, auch zu kultureller und nationaler Gesinnung. Der Prediger war Virtuose der Religion, Theologe und Pädagoge in einem. «In ihm stellt sich die Leidenschaft, zu erkennen, was es um den Menschen sei, welche Möglichkeiten in ihm angelegt seien, wie man sie entfalten könne und in welcher Beziehung sie zu den großen Ordnungen des gesellschaftlichen Lebens ständen, besonders eindrucksvoll und anmutig dar; so ist er einer der großen Herolde der Humanität wie sie die Wende des 18. und 19. Jahrhunderts hervorbrachte.» (Georg Merz) Um 1830, dem Höhepunkt seines Wirkens, stand Schleiermacher zweifellos im Schatten Hegels. Er mußte es sogar erleben, daß der junge David Friedrich Strauß, der in seinem eigenen Studierzimmer die Nachricht von Hegels Tod erfuhr, ihn mit dem Ausruf kränkte: «Um seinetwillen war ich doch hierhergekommen.»

Auch restaurative Theologen wollten nichts von ihm wissen, und selbst nach seinem Tode verfolgten ihn einige dieser Leute mit ihrem Ingrimm. Wer seines Geburtstages gedenke, verstoße gegen das Verbot von 2. Kor. 6, 14 («Ziehet nicht am fremden Joch mit den Ungläubigen, denn was hat die Gerechtigkeit zu schaffen mit der Ungerechtigkeit? Was hat das Licht für Gemeinschaft mit der Finsternis?»). In der nach Schleiermachers Tod mächtigsten Schule in der protestantischen Theologie, die von Albrecht Ritschl geführt wurde, kritisierte man Schleiermachers Subjektivismus, der die Offenbarung Gottes nicht zur Geltung kommen lasse, der nicht das rechte Verhältnis zur Schrift habe und vor allem die Aufgabe der Christologie verfehle. Aber diese Kritiker waren selbst allzusehr philosophisch festgelegt, besonders auf die neukantische Erkenntnistheorie und Ethik. Darum meinten sie im Religionsbegriff Schleiermachers nur eine ästhetische Mystik zu finden, die nicht mit der sittlichen Erlösungsreligion in Vereinbarung zu bringen sei.

Um 1910 wurde Schleiermacher immerhin wenigstens von den Theologen eifrigst studiert, und auch nach dem Ersten Weltkrieg bekannten sich theologische Schulen zu seinem Programm. Von Luther sollte der Weg über Kant zu Schleiermacher und von dort zur Gegenwart führen (Georg Wobbermin). 1924 begann mit Emil Brunners Buch «Die Mystik und das Wort» der von Karl Barth geförderte «Bewegungskrieg» gegen Schleiermacher. Man warf ihm vor, das biblische Wort nicht als bleibendes Gegenüber in die theologische Grundposition aufgenommen zu haben. Seinen Vertrag zwischen Philosophie und Theologie konnte man geradezu als einen

Verrat an der christlichen Offenbarung bezeichnen. Man sah in Schleiermacher den «Prototyp der verderblichen neuprotestantischen Kulturtheologie, welche die biblische Botschaft von Gottes Gottheit und das Ärgernis des Kreuzes verwandelte in eine menschliche Selbstbetrachtung subjektiver religiöser Erlebnisse und darum der Feuerbachschen Illusionstheorie nicht standhalten könne» (Martin Redeker).

Die Schleiermacher-Forschung nach dem Zweiten Weltkrieg hat diese kritische Beurteilung aber in wesentlichen Punkten modifiziert (zuletzt besonders Paul Seifert). Aber auch die schärfsten Kritiker Schleiermachers gingen nicht einfach über ihn zur Tagesordnung über. Wo ein solcher Reichtum wie bei Schleiermacher sich findet, da ist auch mannigfache Deutung möglich. Schleiermacher wird jedenfalls seine Kritiker überleben und seinen Platz in der Reihe der großen theologischen und philosophischen Geister von Luther über Lessing

Schleiermacher auf dem Totenbett. Zeichnung von F. Michelis

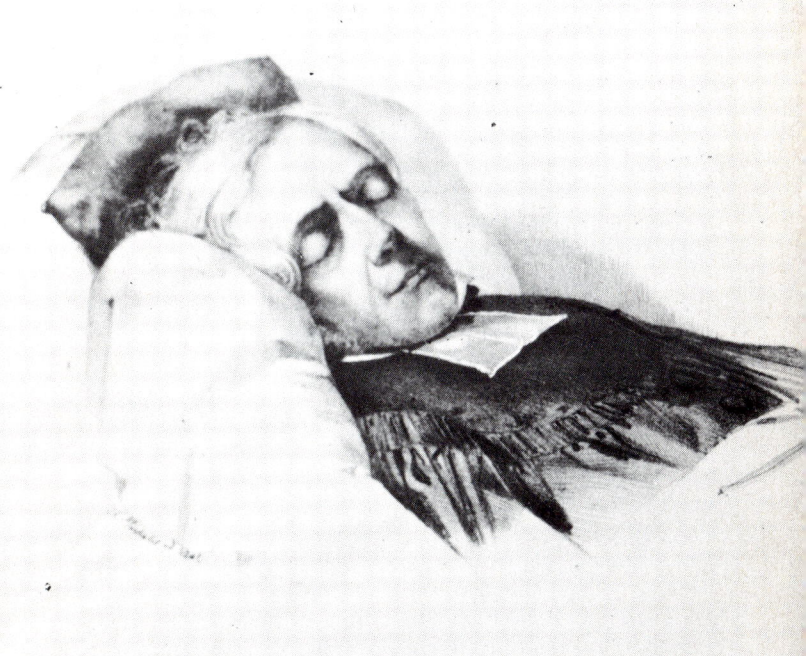

bis zu seiner eigenen, begabten Generation behaupten. Was wird von Schleiermacher bleiben? Zunächst sicherlich sein exemplarisches Vorbild als existentieller Denker. Sein Denken ist stets in Bewegung und im Gespräch. Niemals ist ein Gedankengang bei ihm so fertig, daß er nur vorgetragen werden müßte. Schleiermacher ist der Dialektiker schlechthin. Leben und Denken liegen bei ihm so untrennbar ineinander wie bei keiner der anderen wegweisenden Gestalten seiner Generation. Die Lebensverbundenheit gibt seinem Wirken und seiner Persönlichkeit erst das unverwechselbare Gepräge. Sie macht ihn schon früh zum schärfsten Gegner jedes starren Gedankensystems, sei es nun orthodoxer oder aufgeklärter Natur.

Der Denker, der den Angriff auf den Geist der dogmatisch erstarrten Aufklärung mit radikaler Schärfe eröffnet hatte, war Johann Gottlieb Fichte. Schleiermacher empfand diesen Vertreter des subjektiven Idealismus als seinen Gegner. Sein eigener Realismus ist religiös begründet, das heißt darin, daß ihm in den natürlichen und geschichtlichen Vorgängen Gott begegnet. So erklärt sich Schleiermachers weitgehender Anschluß an die identitätsphilosophische Art, Natürliches und Geistiges im engsten Zusammenhang zu sehen. Alle Gebiete seines Denkens zeugen davon. Unter seinen philosophischen Lieblingsbegriffen nimmt der des Lebens eine besonders wichtige Stelle ein.

Der Einzelne wird von Schleiermacher nicht als vereinzelte Individualität gesehen, sondern als Glied im Organismus, in der Gemeinschaft. Von hier erklärt sich Schleiermachers intensive Beschäftigung mit der politischen Frage und dem Kulturleben seiner Zeit. Man kann ihn als Kulturtheologen bezeichnen, darf dabei freilich nicht die selbständige Art und Weise verkennen, in der Schleiermacher den Primat und das Spezifische des Religiösen bestimmt hat. Schleiermacher vertritt gerade nicht eine unreflektierte «Bindestrichtheologie». Er meint es mit der Eigenart des Religiösen ebenso ernst wie mit der Empirie. Seine Beschäftigung mit dem Gegebenen zwingt ihn zu hermeneutischen Erwägungen und zu philologischer Kleinarbeit. Die Platon-Forschung, die neutestamentliche Wissenschaft und die Ethik in ihren vielen Fragenbereichen beschäftigten Schleiermacher lebenslang, Zeichen für seine Ehrfurcht vor dem Wirklichen. Aus der nüchternen Erkenntnis der Begrenztheit menschlicher Sinneswahrnehmung hat Schleiermacher den philosophisch gewonnenen Gottesgedanken von dem des christlichen Glaubens abgehoben. In der *Dialektik* ist Gott ein letzter Grenzgedanke. Er ist nicht gegenständliche Erkenntnis, nicht Metaphysik, und darf nicht zum Ausgangspunkt für wissenschaftliche und religiöse Sätze werden. Andererseits hat Schleiermacher als Christ keinen Zweifel darüber lassen

Vorderseite und Rückseite der Schleiermacher-Denkmünze
von Loos, 1834

wollen, daß im allerletzten Grund doch Glauben und Philosophie nicht Gegensätze sein können, daß sie mithin trotz ihrer radikal verschiedenen Struktur und Tragweite doch als harmonisch gedacht werden müssen. Darum hat Schleiermacher auch alle innerirdischen Lebensvorgänge unter die Gottesfrage gestellt. Der Abhängigkeit schlechthin entzieht sich niemand und nichts. Diese Überzeugung tritt uns aus fast jeder Seite, die Schleiermacher geschrieben hat, kraftvoll entgegen. Er gehört mit dieser Überzeugung gewiß nicht nur in den Bereich der christlichen Theologie und Überlieferung. Wir möchten ihn vielmehr als Anwalt und Verteidiger eines theonomen Humanismus bezeichnen. Schleiermacher hat sich der Gesamtbewegung des Idealismus zugehörig gefühlt. Aber während der Idealismus zum Teil als eine Verschärfung der religionskritischen Züge der Aufklärung verstanden werden kann, hat Schleiermacher die Frage nach dem Zusammenhang von Idealismus und Religion neu aufgeworfen und zu beantworten gesucht. Seine Antwort ist schon im 19. Jahrhundert nicht unkritisch übernommen worden und kann auch heute nicht einfach nachgesprochen werden. Sie verdient aber Beachtung und zwingt zur Neubesinnung auf das kaum erledigte Problem «Idealismus und christlicher Glaube».

Der Ruf von Schleiermachers Reden ist über eineinhalb Jahrhunderte hin lebendig geblieben.

ZEITTAFEL

1768	Am 21. November wird Friedrich Daniel Ernst Schleiermacher als Sohn des Militärpfarrers Gottlieb Schleiermacher und seiner Ehefrau, der Tochter des reformierten Oberhofpredigers Stubenrauch in Berlin, in Breslau geboren
1780	Nach dem Besuch der Breslauer Friedrichsschule und väterlichem Privatunterricht kommt Schleiermacher auf die Stadtschule von Pleß
1783	Im Frühjahr tritt Schleiermacher in das Pädagogium der Brüdergemeine zu Niesky bei Görlitz ein
1785	Am 22. September kommt Schleiermacher in das Seminar der Brüdergemeine in Barby/Elbe
1787	Schleiermacher löst sich unter Kämpfen von Barby und ringt dem Vater die Erlaubnis zum Studium in Halle ab
1789	Schleiermacher nimmt Abschied von Halle, wo ihn Johann August Eberhard zu philosophischen Studien und F. A. Wolf zur Lektüre der griechischen Klassiker angeregt hatten. Er bereitet sich seit dem 26. Mai in Drossen auf das I. theologische Examen (Kandidatenexamen) vor. Erste unausgeführte literarische Pläne
1790	Im Mai besteht Schleiermacher die erste theologische Prüfung in Berlin und nimmt eine Hauslehrerstelle bei Graf Dohna in Schlobitten (Westpreußen) an
1793	Im Mai verläßt Schleiermacher Schlobitten und nimmt nach Ferienaufenthalt in Drossen zum Herbst eine Stelle als Lehrer in Berlin an
1794	Im April wird Schleiermacher nach Ablegung des II. theologischen Examens und nach Empfang der Ordination Hilfsprediger in Landsberg. Erste Veröffentlichung in Form einer Übersetzung von Predigten. Auseinandersetzung mit Spinoza und Kant
1796	Im September bezieht Schleiermacher seine Wohnung in der Charité in Berlin, an der er Prediger geworden ist
1797	Eintritt in die Welt der Berliner Romantik, Begegnung und Freundschaft mit Henriette Herz, enge Freundschaft mit Friedrich Schlegel, mit dem er Weihnachten 1797 zusammenzieht
1798	Seit August Arbeit an *Über die Religion. Reden an die Gebildeten unter ihren Verächtern*
1799	April: Beendigung der *Reden* und Erscheinen. In den Vertrauten Briefen über Schlegels «Lucinde» stellt er sich vor den angegriffenen Freund
1800	Die *Monologen* herausgegeben
1801	Erste Predigtsammlung erscheint. Bindung an Eleonore Grunow, die Frau eines Berliner Predigers
1802	Im Frühjahr geht Schleiermacher als Hofprediger ins Exil nach Stolp (Pommern). Arbeit an Platon, Auseinandersetzung mit den Systemen alter und neuer Ethik
1803	August *Grundlinien einer Kritik der bisherigen Sittenlehre.*

	Freundschaft und Briefwechsel mit Ehrenfried von Willich (seit 1801) und Henriette von Mühlenfels
1804	Ruf an die Universität Würzburg. Im Oktober nimmt Schleiermacher den Ruf als außerordentlicher Professor der Theologie und Universitätsprediger in Halle a. d. Saale an und siedelt nach Halle über
1805	*Die Weihnachtsfeier* erscheint
1806	Im Sommer Aufnahme der Predigttätigkeit in der Universitätskirche Halle; befriedigende Entfaltung seiner akademischen Tätigkeit; Entwicklung zum Patrioten
1807	Im März stirbt Ehrenfried von Willich. Am 7. Juli kommt Halle zum neu begründeten Königreich Westfalen. Schleiermacher geht nach Berlin, zunächst zu freier Tätigkeit
1808	Im Dienst der Patriotenpartei. Im Sommer Verlobung mit Henriette von Willich
1809	Im Mai wird Schleiermacher Prediger an der Dreifaltigkeitskirche. Am 18. Mai Heirat
1810	Herbst Professor an der neuen Universität in Berlin und erster Dekan der Theologischen Fakultät. *Kurze Darstellung des theologischen Studiums zum Behuf einleitender Vorlesungen entworfen*
1811	Zur Einleitung seiner philosophischen Vorlesungen entwirft er die *Dialektik*
1813	Teilnahme an der preußischen Erhebung
1814	Von der Reaktion verdächtigt und aus dem Unterrichtsdepartement entlassen
1817	Führende Teilnahme an der kirchlichen Union
1819	Politische Meinungsverschiedenheit zwischen Schleiermacher und Hegel, Scheitern seiner kirchlichen Reformpläne, beginnender Widerstand gegen die liturgischen Pläne des Königs
1821	Neuauflage der *Reden* mit Abwehr der restaurativen Theologie
1821–1822	Schleiermachers Hauptwerk *Der christliche Glaube nach den Grundsätzen der evangelischen Kirche im Zusammenhange dargestellt*
1822	Hegel greift Schleiermachers Gefühlstheologie in scharfer Form an
1823–1824	Höhepunkt der politischen Verdächtigungen Schleiermachers
1824–1825	Scharfe Auseinandersetzungen über das Recht des Königs in kirchlichen Angelegenheiten
1829	Tod des neunjährigen einzigen Sohnes Nathanael
1831	Schleiermacher erhält den Roten Adlerorden III. Klasse
1833	Reise nach Schweden und Dänemark mit großen Ehrungen
1834	12. Februar: Tod Schleiermachers an Lungenentzündung. Beerdigung auf dem Dreifaltigkeitsfriedhof (Hallescher Fr.)

Henrik Steffens

Schleiermacher hat eine große, nie untergehende Bedeutung in der Entwicklungsgeschichte des menschlichen Geistes aller Zeiten errungen. Wir können zwar die tief greifende Wirkung, die ihn für Deutschland, für Europa so bedeutend machte, erkennen, ja sie ist anerkannt, daß sie nie abgeläugnet werden mag. Aber die Quelle so mächtiger Erzeugnisse, die Eigenthümlichkeit einer so hoch begabten Natur zu erforschen, ist desto schwieriger, je weniger sie ihren inneren Mittelpunkt enthüllte. Er galt oft für ein Räthsel seiner Zeit und wird es noch lange bleiben. Denn so klar, so scharf, so entscheidend er einen Gegenstand behandelte, die innerste Mitte dieser Klarheit, der Gegenstand im höchsten Sinne, schien mehr angedeutet, als selbst hervorzutreten, in seiner Wirksamkeit bewunderungswürdig, schien dem tiefen Geiste das Größte so groß, um es in bestimmte Worte zu fassen, einer vorübergehenden Zeit hinzustellen, und indem er den innersten, waltenden Kräften des Geistes mit sicherer Hand den Weg bahnte, und mit großartiger Klarheit ihr Ziel anwies, ward uns das, was ihm vorschwebte, desto erhabener, ja heiliger, weil es als ein Erzeugniß der Geschichte als immer reichere Entwicklung des Göttlichen, nicht als Erzeugniß eines Menschen erschien. Keiner der bedeutenderen Geister unserer Zeit darf weniger als er, nach einem fremden Maßstabe gemessen werden, er war eine durchaus primäre, durchaus ursprüngliche Natur und will als eine solche beurteilt sein.

Akademische Gedenkrede. 1834

August Neander

Von ihm wird einst eine neue Periode in der Kirchengeschichte anheben.

An die Studenten. Mitteilung in der Vorlesung nach dem Tode Schleiermachers. 1834

Wilhelm Martin Leberecht de Wette

Was Schleiermacher für die Wissenschaft gewesen, kann vielleicht jetzt noch nicht gehörig gewürdigt werden. Es wird für den Augenblick noch Manchem zu viel gesagt erscheinen, wenn wir sagen, daß er unter den protestantischen Theologen dicht hinter Melanchthon und Calvin zu stehen kommt, indem er die evangelische Glaubenslehre, die diese Männer zuerst gestaltet, mit schöpferischem Geiste umgestaltet und ihr zuerst den wissenschaftlichen Charakter aufgedrückt hat. Er, durch eine seltene Vereinigung gleich groß an Verstandes- und Gemütskraft, bei den frommen Herrnhutern fromm erzogen und in alle Geheimnisse der Wissenschaft eingeweiht, ein christlicher Plato, war es, der die christliche Frömmigkeit vor der Verachtung der Wissenschaft und Bildung rettete und ihr die Anerkennung eines höhern Bewußtseyns verschaffte.

Nachruf auf Schleiermacher. 1834

FRIEDRICH LÜCKE

Schleiermacher gehört zu den hochbegabten Männern, welche überall, wohin ihr äußerer und innerer Beruf sie führt, Licht und Leben verbreiten, Neues schaffen, ordnen, regieren. Er war eine von den königlichen, herrschenden Naturen. Er ist in den verschiedensten Gebieten und Richtungen wirksam gewesen, in allen ausgezeichnet und herrschend. Er war gelehrter Theolog und Prediger des göttlichen Wortes, Philosoph und Philolog; das größere Publicum kennt ihn als geistreichen Schriftsteller über die wichtigsten Angelegenheiten des Tages...

Es kann fremden Ohren und denen, die nach dem Scheine richten, paradox klingen, aber es ist vollkommen wahr, wenn ich sage, daß auf dem tiefsten Grunde seines Geistes, von Ursprung an und je länger je reiner und milder, die Liebe waltete, und daß selbst die Schärfe seines Geistes, der stechende Witz, die bittere Rede, womit er kämpfte und verwundete, nie im Stande waren, den Liebesgrund seines Herzens zu überwältigen.

Erinnerungen an Dr. Friedrich Schleiermacher. In: Theologische
Studien und Kritiken. 1834

HENRIK STEFFENS

Schleiermacher war bekanntlich... klein von Wuchs, etwas verwachsen, doch so, daß es ihn kaum entstellte. In allen seinen Bewegungen war er lebhaft, seine Gesichtszüge höchst bedeutend. Etwas Scharfes in seinem Blick mochte vielleicht zurückstoßend wirken. Er schien in der Tat einen jeden zu durchschauen... Sein Gesicht war länglich, alle Gesichtszüge scharf bezeichnet, die Lippen streng geschlossen,

das Kinn hervortretend, das Auge lebhaft und feurig, der Blick fortdauernd ernsthaft, zusammengefaßt und besonnen. Ich sah ihn in
den mannigfaltigsten wechselnden Verhältnissen des Lebens, tief
nachsinnend und spielend, scherzhaft, mild und erzürnt, von Freude
wie durch Schmerz bewegt: fortdauernd schien eine unveränderliche
Ruhe, größer, mächtiger als die vorübergehende Bewegung, sein Gemüt zu beherrschen. Und dennoch war nichts Starres in dieser Ruhe. Eine leise Ironie spielte in seinen Zügen, eine innige Teilnah-
me bewegte ihn innerlich, und eine fast kindliche Güte drang durch
die sichtbare Ruhe hindurch. Die herrschende Besonnenheit hatte seine Sinne auf eine bewundernswürdige Weise verstärkt. Während er
im lebhaftesten Gespräch begriffen war, entging ihm nichts. Er sah
alles, was um ihn her vorging, er hörte alles, selbst das leise Gespräch anderer. Die Kunst hat seine Gesichtszüge auf eine bewundernswürdige Weise verewigt. Rauchs Büste ist eins der größten Meisterwerke der Kunst, und wer mit ihm so innig gelebt hat wie ich,
kann fast erschrecken, wenn er sie betrachtet. Es ist mir oft, noch in
diesem Augenblick, als wäre er da, in meiner Nähe, als wollte er die
streng verschlossenen Lippen zum bedeutenden Gespräch öffnen.

Was ich erlebte. 1840–1844

WILHELM DILTHEY

Was für ein Leben! Als ein Herrnhuter hatte er begonnen, sein Geist
hatte sich über das weite Gebiet von einander abliegenden Wissenschaften ausgedehnt; die poetische Bewegung seiner Epoche hatte ihn
ergriffen, und der Hauch einer dichterischen Umgebung, dichterischer
Versuche und Pläne liegt über seinen Jugendwerken; als einer der
Ersten hatte er begonnen, die Geselligkeit als eine Kunst zu behan-
deln, und beherrschte eine Fülle von Verhältnissen, welche nicht un-
bedeutenden Menschen neben ihm das Leben aufzehrte; als einer der
Ersten, in einer gewaltigen Zeit, begann er für den Staat zu leben,
ward eine Macht im Staat; Allen voran, inmitten von Gleichgül-
tigkeit, begann er aus der Erfahrung vieler im Predigtamt, im Kir-
chendienst, in der Theologie verbrachter Jahre die große, geschichtliche Aufgabe der Kirche zur Geltung zu bringen: er ward das geistige
Haupt der Kirche seiner Zeit. Das Alles erfuhr und durchlebte ein
einzelner Mann, und nicht umhergeworfen vom Schicksal, sondern
von einer innern Gewalt getrieben, welche ihn durch alle Kreise dieses unseres menschlichen Daseins hindurchführte, bis in seinem be-
schaulichen Geiste der Kosmos der moralischen Welt sich erhob.
Hier war eine Allseitigkeit nicht der Forschung, sondern des Lebens.

Man begreift, wie unendlich mehr er selber war, als alle Aufzeichnungen, alle Forschungen, die wir noch von ihm besitzen.

Leben Schleiermachers. 1870

MARTIN KÄHLER

Wenn man sagen soll, was von Schleiermacher geblieben ist, so läßt es sich kurz in drei Formeln fassen; erstens: Selbständigkeit des religiösen Lebens, und zwar nicht so, daß es nichts mit Verstand und nichts mit Sittlichkeit zu tun hat, aber Selbständigkeit und Ursprünglichkeit des religiösen Lebens gegenüber der Wissenschaft und der Moral. Zweitens: die unbedingt zentrale Stellung der Person Christi im Ganzen des Christentums. Drittens: die Überwindung der Idealisierung der Religion, ihrer Auffassung als bloße Privatreligion, und die Betonung dessen, daß Religion Sache der Gemeinschaft sei.

Aus den Vorlesungen zur Geschichte der protestantischen Dogmatik im 19. Jahrhundert

FRIEDRICH NAUMANN

In den meisten der von uns genannten Denkern (Kant, Fichte, Hegel, Schelling, Fries, Schopenhauer) steckt irgendein Rest von Theologie, Schleiermacher aber ist neben Herder der einzige, der auf der Kanzel gestanden und gleichzeitig das Evangelium und den Plato getrieben hat. Er war in noch höherem Grade als Herder ein Theologe, weil seine Studien sich direkt um die Fragen des Glaubens und der Kirche herumlagern. Zwischen Kanzel und Philosophie trat nämlich bei ihm seine Pflicht als theologischer Professor, jungen Dienern der Kirche ein Führer zu sein. Wer von religiösen Dingen von vornherein nichts hören mag, der muß um Schleiermacher einen Umweg machen, denn der läßt sich schlechterdings nicht bloß weltlich darstellen und begreifen.

1910

ERNST TROELTSCH

Er hat mit voller Sicherheit das dogmatische und soziologische Problem in seiner Verschiedenheit und Wechselwirkung erkannt und der Geschichte des Christentums die doppelte Aufgabe gestellt, Geschichte des Dogmas und des kirchlich-gesellschaftlichen Zustandes zu sein, beides im Interesse der richtigen Entwicklung der religiösen Zukunft, die Staatsleitung und Kirchenleitung aus der Kenntnis der Vergangenheit und aus einer prinzipiellen Einsicht in die Sache umsichtig vorzubereiten und einzuleiten haben. Er verstand den Zusammenhang der zu fordernden größeren individuellen Beweglichkeit mit der wissenschaftlichen Lage und der Auflösung der alten Offenbarungs- und Autoritätsidee, aber auch den Zusammenhang der unentbehrlichen Gemeinschaftskräfte und Kontinuität mit der Festhaltung des konkret und eigentümlich Christlichen in Kultus und Dogma. Er sah das neue Verhältnis von Staat und Kirche mit allen Folgeproblemen, vor allem mit dem Folgeproblem der Auseinandersetzung auf dem Gebiet der Schule und der staatlichen Wissenschaftspflege. Und für alles das hatte er von Beginn seiner selbständigen religiösen Denkweise an eine eigentümliche Lösung, die mit dem Kerngedanken seines religiösen Wesens eng zusammenhing, die er am Anfang in der weitausgreifenden phantasiereichen Weise des jugendlichen Idealisten orakelhaft-poetisch aussprach und die er in der Reife seines Lebenswerkes als Pfarrer, wissenschaftlicher Theologe, Religions- und Kulturphilosoph umsichtig entwickelte. Zugleich war er sich klar darüber, daß diese Lösung in Deutschland noch verfrüht sei und nur bescheiden bei dem Neubau des Kirchenwesens, der in seinen Tagen stattfand, mitwirken könne, daß es aber für die kommenden großen Umwälzungen der Zukunft der einzig mögliche Ausweg sei.

1910

EMIL BRUNNER

Denn es spricht wohl nichts deutlicher für die geschichtliche Größe eines Denkers, als die Notwendigkeit, hundert Jahre nach seinem Tode mit ihm zu kämpfen. Das Bekenntnis zu dieser Notwendigkeit und die sachliche ernste Auseinandersetzung mit seinem Werk ist wohl eine ernsterzunehmende Ehrung als Jubiläen und geschichtliche Betrachtungen über «Schleiermacher und seine Zeit» ... Unter Theologen bedarf die Behauptung, Schleiermacher sei ein Gegenwärtiger, keiner Rechtfertigung ... Das bedeutsamste an Schleiermachers Leistung ist die Verbindung jenes Idealismus und Humanismus mit dem christlichen Gedankenkreis; als der Bahnbrecher eines christlichen Humanismus ist er vor allem in der Theologie des 19. und 20. Jahrhunderts wirksam gewesen ... Es wird einem späteren Geschlecht immer ein Rätsel bleiben, wie eine theologische Generation, die sich mit Stolz die «geschichtlich denkende» nannte, sich im geschichtlichen Verstehen so sehr vergreifen konnte, daß sie Schleiermacher einen «Erneuerer des evangelischen Glaubens, der reformatorischen Frömmigkeit» heißen konnte, und man wird als einzigen Erklärungsgrund dies können gelten lassen, daß in diesem Jahrhundert des apologetischen Interesses die Verteidigung der Religion gegen den Atheismus keinen Raum übrig ließ für die Besinnung über das Was, über den Inhalt dieser mit so viel Aufwand und so ängstlich verteidigten Religion, und daß auch die Theologie mithineingerissen worden war in den allgemeinen Prozeß der Geistentfremdung, der seit einigen Jahrhunderten im Gange ist.

Die Mystik und das Wort. Der Gegensatz zwischen moderner Religionsauffassung und christlichem Glauben, dargestellt an der Theologie Schleiermachers. 1924

EMANUEL HIRSCH

Die von ihm bis 1806 entwickelte Ethik und Religionslehre zerstörte die Voraussetzungen für die gesamte überlieferte theologische Lehre einschließlich der aufgeklärten und zwang zu einer theologischen Neugestaltung von unübersehbaren Ausmaßen. Sie schnitt dabei auch hart und schmerzhaft in die vorhandenen Gestaltungen der christlichen Frömmigkeit ein. Es ist seinen theologischen Zeitgenossen schwer geworden, in seinen befremdlichen Aussagen über Gott, Christus und das ewige Leben, das Christliche noch wiederzuerkennen. Noch heute wird an ihnen jedem unerbittlich klar, daß das von der damaligen geistigen Bewegung in Deutschland erstrebte harmonische Verhältnis von freier Menschlichkeit und christlicher Gottinnigkeit nur um einen sehr teuern Preis zu haben ist. Es ist nicht zu verwundern, daß sich Theologie und Kirche wider die hier an sie gestellten Anmutungen leidenschaftlich gewehrt haben. Mit gemäßigten theologischen Aufklärern war schließlich immer noch bequemer auszukommen als mit dem idealistischen Christentumsverständnis Schleiermachers oder auch Fichtes und Hegels. Was will das aber alles besagen angesichts der unerbittlichen geschichtlichen Tatsache, daß auf dem Boden des neueren Geistes und der neueren Wissenschaft der Idealismus die einzige christlichem Glauben noch geöffnete Gestalt des Denkens geworden war, daß gegen eine theologische Reform im Sinne Schleiermachers ankämpfen nichts andres hieß als der vom Positivismus her drohenden Entchristlichung Europas in die Hände arbeiten?

Geschichte der neuern evangelischen Theologie, Bd. 4. 1952

Wir haben es mit einem Heros zu tun, wie sie der Theologie nur selten geschenkt werden...

Wer von dem Glanz, der von dieser Erscheinung ausgegangen ist und noch ausgeht, nichts gemerkt hätte, – ja ich möchte fast sagen: wer ihm nie erlegen wäre, der mag in Ehren andere und vielleicht bessere Wege gehen, er sollte es aber unterlassen, gegen diesen Mann auch nur den Finger aufzuheben. Wer hier nie geliebt hat und wer nicht in der Lage ist, hier immer wieder zu lieben, der darf hier nicht hassen.

Die protestantische Theologie im 19. Jahrhundert. 1952

MARTIN REDEKER

Die Schleiermacherkritik der Ritschlianer und der dialektischen Theologie in ihrer Frühperiode verfehlte ihr Ziel, weil sie durch die Vorurteile der neukantischen Erkenntnistheorie und Lebensanschauung und durch die philosophischen und theologischen Voraussetzungen der kulturkritischen Theologie bedingt war. Dadurch entstand ein sehr einseitiges, ja man darf sagen, verstelltes Bild der Gedankenwelt Schleiermachers. Inzwischen hat sich die geistige Situation gewandelt. Die Vorurteile des Neukantianismus und der radikalen theologischen Kulturkritik sind aufgelockert worden. So ist der Weg zu einem neuen geistesgeschichtlichen Verstehen Schleiermachers frei geworden. Wir können nicht naiv zu den Konzeptionen Schleiermachers zurückkehren, besonders deswegen, weil der Hauptgesprächspartner Schleiermachers in seiner theologischen Denkarbeit: die idealistische Lebensanschauung und Wissenschaftslehre nicht mehr die unsrige ist. Um Schleiermacher aber richtig würdigen zu können, muß man ihn aus den geistigen Voraussetzungen seiner Zeit begreifen; vielleicht wird man dann auch entdecken, wie weit er bereits über die Schranken der idealistischen Lebensanschauung und Wissenschaftslehre hinausgeschaut hat. Zweifellos ist auch unser heutiges Verständnis durch bestimmte philosophische und theologische Voraussetzungen bestimmt. Aber vermutlich können wir von unseren anderen und neuen Ausgangspunkten Motive und Impulse seiner Gedankenbildung entdecken, die der Kritik der jüngsten Vergangenheit verborgen blieben. Man kann auch nicht einfach die Periode der neuprotestantischen Dogmatik, die Schleiermacher maßgeblich beeinflußte, durch ein nachträgliches Verdikt aus der Geschichte der protestantischen Theologie streichen. Es gilt auch heute noch das Wort

Rankes, daß jeder Theologe erst durch die Auseinandersetzung mit Schleiermacher zur rechten Freiheit gelangen könne.
Die Würdigung und Kritik der Glaubenslehre Schleiermachers im Neuprotestantismus. 1960

FRANZ SCHNABEL

Denn dieser «zweite Reformator» war ein moderner Mensch. Er konnte die Gefühlsreligion der Romantik und die wissenschaftliche Kultur miteinander vereinen, weil seine natürliche Begabung ihn auf beides zugleich verwies. Ausgestattet mit einer unendlichen Zartheit des Empfindens, war er zugleich ein Dialektiker von schneidendem Verstande, ein bürgerlicher Gelehrter von erstaunlicher Arbeitskraft. Hier war eine rezeptive und unerhört vielseitige Natur, von ästhetischen und wissenschaftlichen Bedürfnissen geleitet, sentimentalisch im Sinne Schillers, die Religion der Liebe preisend und einem großen inneren Kampfe schwerlich gewachsen, ohne Qualen und einsames Ringen nach einem Ausgleich strebend, kein Bußprediger, sondern ein Verkünder der im Weltall waltenden geistigen Harmonie, kein Gottsucher, sondern ein Gottesgelehrter, ein Akademiker, reflektierend und naturfremd, ein Prediger «an die Gebildeten» – in allem der vollendete Gegensatz zu dem «gotischen Menschen», zu dem Volksmann Luther. Man hat darauf hingewiesen, daß die erste Reformation mit einem Angriff, den Wittenberger Thesen, begonnen hat, während die «zweite Reformation» nur noch eine Verteidigung führte vor den «Verächtern der Religion» – und zwar nur noch vor den Gebildeten unter ihnen.
Deutsche Geschichte im neunzehnten Jahrhundert. Neuauflage 1965

BIBLIOGRAPHIE

1. Gesammelte Werke

Gesamtausgabe der Werke Schleiermachers in drei Abtheilungen. Berlin
Erste Abtheilung: Zur Theologie

1. Band. 1843
   Kurze Darstellung des theologischen Studiums zum Behuf einleitender
   Vorlesungen entworfen, 1811. 1830 – Über die Religion. Reden an die
   Gebildeten unter ihren Verächtern, 1799. 1806; 1821; 1831
   Die Weihnachtsfeier. Ein Gespräch, 1806. 1827

2. Band. 1836
   Exegetisch-kritische und dogmatische Abhandlungen;
   darin: Über seine Glaubenslehre, an Herrn Dr. Lücke

3. und 4. Band. 1835–1836
   Der christliche Glaube nach den Grundsätzen der evangelischen Kirche
   im Zusammenhange dargestellt, 3. Ausgabe

5. Band. 1846
   Schriften zur kirchlichen Frage

6. Band. 1864
   Leben Jesu. Vorlesungen an der Universität zu Berlin im Jahr 1832

7. Band. 1838
   Hermeneutik und Kritik mit besonderer Beziehung auf das Neue Testament

8. Band. 1845
   Einleitung in das Neue Testament
   [9. u. 10. Band nicht erschienen.]

11. Band. 1840
    Geschichte der christlichen Kirche

12. Band. 1843
    Die christliche Sitte nach den Grundsätzen der evangelischen Kirche
    im Zusammenhang dargestellt

13. Band. 1850
    Die praktische Theologie nach den Grundsätzen der evangelischen
    Kirche im Zusammenhang dargestellt

Zweite Abtheilung: Predigten [Insgesamt 10 Bände.]
Dritte Abtheilung: Zur Philosophie

1. Band. 1846
   Grundlinien einer Kritik der bisherigen Sittenlehre, 1803. 1834
   Monologen. Eine Neujahrsgabe, 1800. 1810; 1821; 1829
   Vertraute Briefe über Friedrich Schlegels Lucinde, 1800
   Aus dem Athenäum, 1800

2. Band. 1838
   Philosophische Abhandlungen

3. Band. 1835
   Reden und Abhandlungen, der Königl. Akademie der Wissenschaften
   vorgetragen (meist philologischen Inhalts)

4. Band, 1. Teil. 1839
   Geschichte der Philosophie

Philosophie muß uns umgeben . . .

...als eine uneinnehmbare Mauer, die das Schicksal mit all seinen Machenschaften nicht übersteigen kann – schrieb Seneca im 82. Brief an Lucilius. Glückliche Zeiten stoischer Ruhe! Damals wußten die Philosophen noch, Lebensregeln zu geben!

Die Sache ist nur die: Man müßte seine sämtlichen Gläubiger auf diesen Standpunkt bringen.

4. Band, 2. Teil. 1839
   Dialektik
5. Band. 1835
   Entwurf eines Systems der Sittenlehre
6. Band. 1862
   Psychologie
7. Band. 1842
   Vorlesungen über die Ästhetik
8. Band. 1845
   Die Lehre vom Staat
9. Band. 1849
   Erziehungslehre

2. Auswahlausgabe

Werke, in vier Bänden, hg. von Otto Braun und Johannes Bauer. 1910–1913

3. Wichtige Einzelausgaben

Über die Religion. Kritische Ausgabe. Mit Zugrundelegung des Textes der ersten Auflage, hg. von G. Ch. Bernhard Pünjer. Braunschweig 1879

Die Weihnachtsfeier: Ein Gespräch. Kritische Ausgabe von Hermann Mulert. Leipzig 1908

Stange, Carl: Schleiermachers Glaubenslehre, kritische Ausgabe, 1. Abteilung: Einleitung. Leipzig 1910

Über die Religion. In der ursprünglichen Gestalt hg. von Rudolf Otto. 5. Aufl. Göttingen 1926

Schiele, Friedrich Michael: Friedrich Schleiermacher: Monologen nebst Vorarbeiten. Kritische Ausgabe. Leipzig 1902 – 2. erw. Aufl. von Hermann Mulert. Leipzig 1914

Über die Religion. Reden an die Gebildeten unter ihren Verächtern. Hg. von Hans-Joachim Rothert. Hamburg 1958 (Philosophische Bibliothek. 255)

Friedrich Schleiermacher: Monologen. Eine Neujahrsgabe. Hg. von Georg Wehrung. Darmstadt 1953 (Libelli. X)

Friedrich Schleiermacher: Die Weihnachtsfeier. Ein Gespräch. Hg. und eingeleitet von Georg Wehrung. Darmstadt 1953 (Libelli. XI)

Friedrich Schleiermacher: Kurze Darstellung des theologischen Studiums zum Behuf einleitender Vorlesungen. Kritische Ausgabe. Hg. von Heinrich Scholz. Darmstadt 1961

Friedrich Schleiermacher: Der christliche Glaube nach den Grundsätzen der evangelischen Kirche im Zusammenhange dargestellt, 7. Aufl. Aufgrund der zweiten Auflage und kritischer Prüfung des Textes hg. und mit einer Einleitung, Erläuterungen und Register versehen von Martin Redeker. 2 Bde. Berlin 1960

Friedrich D. E. Schleiermacher: Hermeneutik. Nach den Handschriften neu hg. und eingeleitet von HEINZ KIMMERLE. Heidelberg 1959 (Abhandlungen der Heidelberger Akademie der Wissenschaften, phil.-histor. Klasse, 1959, 2. Abh., vorgelegt von H.-G. GADAMER)

Friedrich Schleiermachers Ästhetik. Im Auftrage der Preußischen Akademie der Wissenschaften hg. von RUDOLF ODEBRECHT. Berlin und Leipzig 1931

Friedrich Schleiermachers Dialektik. Im Auftrage der Preußischen Akademie der Wissenschaften hg. von RUDOLF ODEBRECHT. Leipzig 1942

Friedrich Schleiermacher: Pädagogische Schriften. Hg. von ERICH WENIGER. 2 Bde. Düsseldorf und München 1957

BAUER, JOHANNES: Schleiermacher als patriotischer Prediger. Ein Beitrag zur Geschichte der nationalen Erhebung vor hundert Jahren. Mit einem Anhang von bisher ungedruckten Predigtentwürfen Schleiermachers. Gießen 1908

BAUER, JOHANNES: Ungedruckte Predigten Schleiermachers aus den Jahren 1820–1828. Leipzig 1909

4. Lebenszeugnisse

Aus Schleiermachers Leben. Hg. von L. JONAS und WILHELM DILTHEY. 4 Bde. Berlin 1860–1863

Friedrich Schleiermacher's Briefwechsel mit J. Chr. Gaß. Hg. von W. GASS. Berlin 1852

Schleiermacher's Briefe an die Grafen zu Dohna. Hg. von J. JACOBI. Halle 1887

Schleiermachers Briefwechsel mit August Twesten. In: G. HEINRICI, A. Twesten nach Tagebüchern und Briefen. Berlin 1889

DILTHEY, WILHELM: Drei Briefe Schleiermachers an Gaß. In: Literarische Mitteilungen. Festschrift zum zehnjährigen Bestehen der Literatur-Archiv-Gesellschaft in Berlin. Berlin 1901

Briefe von Ludwig Gottfried Blanc an Friedrich Schleiermacher. Hg. von HEINRICH MEISNER und ERICH SCHMIDT. Berlin 1909 (Mitteilungen aus dem Litteraturarchive in Berlin. N. F. 2)

BAUER, JOHANNES: Neue Briefe Schleiermachers aus der Jugendzeit, Niesky 1784 und 1785. In: Zeitschrift für Kirchengeschichte 31 (1910), S. 587–592

Briefe von K. G. v. Brinckmann an Friedrich Schleiermacher. Hg. von HEINRICH MEISNER und ERICH SCHMIDT. Berlin 1912 (Mitteilungen aus dem Litteraturarchive in Berlin. N. F. 6)

Briefe von Dorothea Schlegel an Friedrich Schleiermacher. Hg. von HEINRICH MEISNER und ERICH SCHMIDT. Berlin 1913 (Mitteilungen aus dem Litteraturarchive in Berlin. N. F. 7)

Briefe A. L. Hülsens, J. B. Vermehrens und F. Weichart an Friedrich Schleiermacher. Hg. von HEINRICH MEISNER. Berlin 1913 (Mitteilungen aus dem Litteraturarchive in Berlin. N. F. 8)

Briefe Friedrich Schleiermachers an Ehrenfried und Henriette von Willich geb. von Mühlenfels 1801–1806. Hg. von HEINRICH MEISNER. Berlin 1914 (Mitteilungen aus dem Litteraturarchive in Berlin. N. F. 9)

Briefwechsel Friedrich Schleiermachers mit August Boeckh und Immanuel Bekker, 1806–1820. Hg. von HEINRICH MEISNER. Berlin 1916 (Mitteilungen aus dem Litteraturarchive in Berlin. N. F. 11)

MULERT, HERMANN: Zwei Briefe Schleiermachers zur Kirchenverfassungsreform. In: Zeitschrift für Kirchengeschichte 36 (1916), S. 509–533

Friedrich Schleiermachers Briefwechsel mit seiner Braut. Hg. von HEINRICH MEISNER. Gotha 1919

Schleiermacher als Mensch. Sein Werden und Wirken. Familien- und Freundesbriefe. Hg. von HEINRICH MEISNER. 2 Bde. Gotha 1922–1923

BENRATH, ADOLF: Ein Schreiben vom Jahre 1802 aus Stolp, das Friedrich Wilhelm III. im Interesse der Union entgegentritt. In: Zeitschrift für Kirchengeschichte 40 (1922), S. 172–177

BAUER, JOHANNES: Briefe Schleiermachers an Wilhelmine und Joachim Christian Gaß. In: Zeitschrift für Kirchengeschichte 47 (1928), S. 250–271

MULERT, HERMANN, und HEINRICH MEISNER: Schleiermachers Briefwechsel mit Friedrich Heinrich Christian Schwarz. In: Zeitschrift für Kirchengeschichte 53 (1934), S. 255–294

Schleiermacher, Friedrich: Briefe an einen Freund. Hg. von DR. SEIFERT. Weimar 1939

Ungedruckte Briefe und Berichte über Schleiermacher. In: Zeitschrift für Religions- und Geistesgeschichte, 1949/50, S. 357–363

SATTLER, WALTHER: Ein ungedruckter Brief Schleiermachers. In: Ein Leben für die Kirche: Zum dankbaren Gedächtnis an D. Johannes Bauer. Hg. von FRITZ HAUSS und ERICH ROTH. Karlsruhe 1960. S. 135–144

RAACK, RICHARD C.: A New Schleiermacher Letter on the Conspiracy of 1808. In: Zeitschrift für Religions- und Geistesgeschichte 16 (1964), S. 209–223

5. Forschungsberichte

MULERT, HERMANN: Die neuere Schleiermacher-Literatur. In: Zeitschrift für Theologie und Kirche N. F. 2 (1921), S. 295–310

STEPHAN, HORST: Der neue Kampf um Schleiermacher. In: Zeitschrift für Theologie und Kirche 4–5 (1925), S. 159–215

MULERT, HERMANN: Neuere deutsche Schleiermacher-Literatur. In: Zeitschrift für Theologie und Kirche, 1933, S. 370–378; 1934, S. 77–88, S. 256–273

BIRKNER, HANS-JOACHIM: Schleiermacher-Literatur. In: Verkündigung und Forschung, 1958/59, S. 150–157

KANTZENBACH, FRIEDRICH WILHELM: Schleiermacher und der Protestantismus. In: Zeitschrift für Religions- und Geistesgeschichte 10 (1958), S. 247–250

6. Gesamtdarstellungen
a) Biographie

SCHENKEL, DANIEL: Friedrich Schleiermacher. Ein Lebens- und Charakterbild. Elberfeld 1868

DILTHEY, WILHELM: Leben Schleiermachers, I. Band. Im Anhang: Denkmale der inneren Entwicklung Schleiermachers, erläutert durch kritische Untersuchungen. Berlin 1870

MULERT, HERMANN: Schleiermacher. Tübingen 1918

b) Wichtige Teilgebiete der Biographie

MEYER, E. R.: Schleiermachers und von Brinckmanns Gang durch die Brüdergemeine. Leipzig 1905

HERING, HERMANN: Samuel Ernst Timotheus Stubenrauch und sein Neffe Friedrich Schleiermacher. In: Beiträge zur Förderung christlicher Theologie, Jhrg. 23, H. 3/4 (1919)

HERING, HERMANN: Schleiermachers Familienheimat und Vorfahren väterlicherseits. In: Theologische Studien und Kritiken 92 (1919), S. 81–112

DILTHEY, WILHELM: Friedrich Daniel Ernst Schleiermacher. In: Dilthey, Gesammelte Schriften Bd. 4. 2. Aufl. 1959. S. 354–402

DILTHEY, WILHELM: Schleiermachers politische Gesinnung und Wirksamkeit. In: Dilthey, Gesammelte Schriften Bd. 12. 2. Aufl. 1960. S. 1–36

HAYM, RUDOLF: Die romantische Schule. Berlin 1870 – Neudruck Hildesheim 1961

WILLICH, EHRENFRIED VON: Aus Schleiermachers Hause. Berlin 1909

Henriette Herz: Schleiermacher und seine Lieben. Hg. von O. VON BOENIGK. Magdeburg 1910

WACKWITZ, ANDREAS: Die deutsche Sprachinsel Anhalt-Gatsch in ihrer geschichtlichen Entwicklung. Plauen 1932 (Deutsche Gaue im Osten. 5)

WACKWITZ, ANDREAS: Johann Gottlieb Schleyermacher, Mitbegründer und erster Prediger der evangelisch-reformierten Kolonie Anhalt Kreis Pleß/ Oberschlesien. In: Jahrbuch für Schlesische Kirchengeschichte Bd. 43 (1964), S. 89–153

7. Wichtige Untersuchungen zur Theologie und Philosophie Schleiermachers

BAUR, FERDINAND CHRISTIAN: Die christliche Gnosis oder die christliche Religionsphilosophie in ihrer geschichtlichen Entwicklung. Tübingen 1835

SCHMID, HEINRICH: Über Schleiermachers Glaubenslehre mit Beziehung auf die Reden über die Religion. Leipzig 1835

ROSENKRANZ, KARL: Kritik der Schleiermacherschen Glaubenslehre. Königsberg 1836

DELBRÜCK, FERDINAND: Der verewigte Schleiermacher: Ein Beitrag zur gerechten Würdigung desselben. Bonn 1837

RITSCHL, ALBRECHT: Schleiermachers Reden über die Religion und ihre Nachwirkungen auf die evangelische Kirche Deutschlands. Bonn 1874

BENDER, WILHELM: Schleiermachers Theologie mit ihren philosophischen Grundlagen dargestellt. 2 Tle. Nördlingen 1876–1878

RITSCHL, OTTO: Schleiermachers Stellung zum Christentum in seinen Reden über die Religion. Gotha 1888

RITSCHL, OTTO: Studien über Schleiermacher. In: Theologische Studien und Kritiken 61 (1888), S. 300–328, 697–765

Lütgert, Wilhelm: Die Methode des dogmatischen Beweises in ihrer Entwicklung unter dem Einfluß Schleiermachers. Gütersloh 1892

Kirn, Otto: Schleiermacher und die Romantik. Basel 1895

Ritschl, Otto: Schleiermachers Theorie von der Frömmigkeit. In: Theologische Studien. Herrn Prof. D. Bernhard Weiss zu seinem 70. Geburtstage dargebracht. Göttingen 1897. S. 129–164

Bleek, H.: Die Grundlagen der Christologie Schleiermachers. Leipzig 1898

Fuchs, Emil: Schleiermachers Religionsbegriff und religiöse Stellung zur Zeit der ersten Ausgabe der Reden (1799–1806). Gießen 1900 [Diss.]

Dorner, August: Schleiermachers Verhältnis zu Kant. In: Theologische Studien und Kritiken 74 (1901), S. 5–75

Huber, Eugen: Die Entwicklung des Religionsbegriffs bei Schleiermacher. Leipzig 1901

Stephan, Horst: Schleiermachers Lehre von der Erlösung. Tübingen und Leipzig 1901

Eberhardt, W.: Die philosophische Begründung der Pädagogik Schleiermachers. Straßburg 1904 [Diss.]

Fuchs, Emil: Vom Werden dreier Denker: Was wollten Fichte, Schelling, Schleiermacher in der ersten Periode ihrer Entwicklung?. Tübingen 1904

Göbel, Louis: Herder und Schleiermachers Reden über die Religion. Gotha 1904

Clemen, Carl: Schleiermachers Vorlesung über theologische Enzyklopädie. In: Theologische Studien und Kritiken 78 (1905), S. 226–245

Clemen, Carl: Schleiermachers Glaubenslehre in ihrer Bedeutung für Vergangenheit und Zukunft. Gießen 1905

Kirn, Otto, in: Realenzyklopädie Bd. 17. 3. Aufl. Leipzig 1906. S. 587–617

Lülmann, Christian: Schleiermacher, der Kirchenvater des 19. Jahrhunderts. Tübingen 1907 (Sammlung gemeinverständlicher Vorträge. 48)

Mulert, Hermann: Schleiermacher-Studien, I. Schleiermachers geschichtsphilosophische Ansichten in ihrer Bedeutung für seine Theologie. Kiel 1907 [Diss.]

Scholz, Heinrich: Schleiermachers Lehre von der Sündlosigkeit Jesu. Darstellung und Kritik. In: Zeitschrift für Theologie und Kirche 17 (1907), S. 391–422

Wehrung, Georg: Der geschichtsphilosophische Standpunkt Schleiermachers zur Zeit seiner Freundschaft mit den Romantikern. Zugleich ein Beitrag zur Entwicklungsgeschichte Schleiermachers in den Jahren 1787–1800. Straßburg 1907 [Diss.]

Eck, Samuel: Über die Herkunft des Individualitätsgedankens bei Schleiermacher. Gießen 1908

Schütz, Roland: Die Prinzipien der Philosophie Schleiermachers. Berlin 1908 [Diss.]

Scholz, Heinrich: Christentum und Wissenschaft in Schleiermachers Glaubenslehre. Berlin 1909 [Diss.]

Süskind, Hermann: Der Einfluß Schellings auf die Entwicklung von Schleiermachers System. Tübingen 1909 [Diss.]

Forsthoff, Heinrich: Schleiermachers Religionstheologie und die Motive seiner Grundanschauung. Tübingen 1909 [Diss.]

Naumann, Friedrich: Schleiermacher als Philosoph des Glaubens. Sechs Aufsätze von E. Troeltsch, A. Titius, P. Natorp, P. Hensel, S. Eck. Berlin-Schöneberg 1910

Heim, Carl: Das Gewißheitsproblem in der systematischen Theologie bis zu Schleiermacher. Leipzig 1911

Lempp, Otto: Schleiermachers Gotteslehre. Darstellung und Kritik. In: Zeitschrift für Theologie und Kirche 21 (1911), S. 17–60

Süskind, Hermann: Christentum und Geschichte bei Schleiermacher. Die geschichtsphilosophischen Grundlagen der Schleiermacherschen Theologie. 1. Teil: Die Absolutheit des Christentums und die Religionsphilosophie. Tübingen 1911 [Habilitationsschrift]

Arnold, F.: Schleiermachers Anteil an der preußischen Volkserhebung von 1813. Breslau 1912

Flöel, Ernst: Der Entwicklungsgedanke in Schleiermachers Lehre von der Sünde. Gießen 1912 [Diss.]

Scheel, Hans: Die Theorie von Christus als dem zweiten Adam bei Schleiermacher. Greifswald 1913 [Diss.]

Scholz, Heinrich: Schleiermacher und Goethe. Ein Beitrag zur Geschichte des deutschen Geistes. Erlangen 1913 [Diss.]

Siegmund-Schulze, Friedrich: Schleiermachers Psychologie in ihrer Bedeutung für die Glaubenslehre. Marburg 1913 [Diss.]

Hartmann, Hans: Schleiermachers Stellung zum Bekenntnis. In: Zeitschrift für Theologie und Kirche 24 (1914), S. 285–362

Loew, Wilhelm: Das Grundproblem der Ethik Schleiermachers in seiner Beziehung zu Kants Ethik. Marburg 1914 [Diss.] – Nachdruck in: Kantstudien. Ergänzungsheft 31 (1914)

Mann, Gustav: Das Verhältnis der Schleiermacher'schen Dialektik zur Schelling'schen Philosophie. München 1914 [Diss.]

Reuter, Hans: Zu Schleiermachers Idee des «Gesamtlebens». Berlin 1914 (Neue Studien zur Geschichte der Theologie und der Kirche. 21)

Dunkmann, Karl: Die Nachwirkungen der theologischen Prinzipienlehre Schleiermachers. Gütersloh 1915

Herpel, Otto: Das Wesen der Kirche nach den Voraussetzungen und Grundsätzen des jungen Schleiermacher. Darmstadt 1915 [Diss.]

Wehrung, Georg: Die philosophisch-theologische Methode Schleiermachers. Straßburg 1915 [Diss.]

Wendland, Johannes: Die religiöse Entwicklung Schleiermachers. Tübingen 1915

Dunkmann, Karl: Die theologische Prinzipienlehre nach der kurzen Darstellung und ihre Begründung durch die Ethik. Gütersloh 1916

Siegfried, Theodor: Das romantische Prinzip in Schleiermachers Reden über die Religion. Jena 1916 [Diss.]

Benrath, Gustav Adolf: Schleiermachers Bekenntnispredigten von 1830. Königsberg 1917 [Diss.]

Heinsius, Maria: Der Streit über theozentrische und anthropozentrische Theologie im Hinblick auf die theologische Grundposition Schleiermachers. Heidelberg 1918 [Diss.]

Reuter, Hans: Schleiermachers pädagogische Grundanschauungen. In: Zeitschrift für Geschichte der Erziehung und des Unterrichts 8–9 (1918/19), S. 48–63

PIPER, OTTO: Das religiöse Erlebnis. Eine kritische Analyse der Schleiermacherschen Reden über die Religion, I. Teil Grundfragen. Göttingen 1920 [Diss.]

WEHRUNG, GEORG: Die Dialektik Schleiermachers. Tübingen 1920

ELERT, WERNER: Der Kampf um das Christentum. München 1921

KAPPSTEIN, THEODOR: Schleiermachers Weltbild und Lebensanschauung. Berlin 1921

WERNLE, PAUL: Melanchthon und Schleiermacher: Zwei dogmatische Jubiläen. Tübingen 1921 (Sammlung gemeinverständlicher Vorträge und Schriften. 98)

HOLSTEIN, GÜNTHER: Die Staatsphilosophie Schleiermachers. Bonn und Leipzig 1922

BRUNNER, EMIL: Die Mystik und das Wort. Der Gegensatz zwischen moderner Religionsauffassung und christlichem Glauben dargestellt an der Theologie Schleiermachers. Tübingen 1924

BARTH, KARL: Brunners Schleiermacherbuch. In: Zwischen den Zeiten, Jhrg. 2 (1924), H. 8, S. 49–64

WOBBERMIN, GEORG: Luther, Kant, Schleiermacher und die Aufgabe der heutigen Theologie. In: Zeitschrift für Theologie und Kirche N. F. 5 (1924), S. 104–120

BARTH, KARL: Schleiermachers «Weihnachtsfeier». In: Zwischen den Zeiten, Jhrg. 3 (1925), S. 38–61

HERMANN, RUDOLF: Prolegomena zum Begriff der Offenbarung im Anschluß an Schleiermachers philosophische Ethik. In: Zeitschrift für systematische Theologie 2 (1925), S. 19–36

KADE, FRANZ: Schleiermachers Anteil an der Entwicklung des preußischen Bildungswesens von 1808–18. Leipzig 1925

HERMANN, RUDOLF: Zum Problem: Gewißheit und Wissen in der Religion. Zur Auseinandersetzung mit Schleiermachers Grundlegung der Religionsphilosophie. In: Zeitschrift für systematische Theologie 3 (1926), S. 248–297

KATTENBUSCH, FERDINAND: Die deutsche evangelische Theologie seit Schleiermacher. 1. T. Gießen 1926

HOLDER, HANS: Die Grundlagen der Gemeinschaftslehre Schleiermachers. Langensalza 1927 (Pädagogische Untersuchungen. Reihe 2, 1)

HUPFELD, RENATUS: Schleiermacher in seiner Bedeutung für unsere Zeit. In: Zeitwende, Jhrg. 3 (1927), S. 517–532

KUNZE, WILHELM: Der Missionsgedanke bei Schleiermacher und seinen Schülern. Berlin 1927 [Diss.]

STROBEL, ANTON: Die Pädagogik und Philosophie Schleiermachers in ihren Beziehungen zu J. J. Rousseau. München 1927 [Diss.]

WEHRUNG, GEORG: Schleiermacher in der Zeit seines Werdens. Gütersloh 1927

WOBBERMIN, GEORG: Schleiermacher und Ritschl in ihrer Bedeutung für die heutige theologische Lage und Aufgabe. Tübingen 1927

BARTH, KARL: Das Wort in der Theologie von Schleiermacher bis Ritschl.

In: Die Theologie und die Kirche. Gesammelte Vorträge Bd. 2. München 1928. S. 190–211

BARTH, KARL: Schleiermacher. In: Die Theologie und die Kirche. Gesammelte Vorträge Bd. 2. München 1928. S. 136–189

ÖLSNER, WILLI: Die Entwicklung der Eschatologie von Schleiermacher bis zur Gegenwart. Berlin 1929 [Diss.]

WACH, JOACHIM: Das Verstehen: Grundzüge einer Geschichte der hermeneutischen Theorie im 19. Jahrhundert. 2 Bde. Tübingen 1926–1929

GLOCKNER, HERMANN: Hegel und Schleiermacher im Kampf um Religionsphilosophie und Glaubenslehre. In: DVfLG 8 (1930), S. 233–259

GREIFFENHAGEN, GUSTAV: Die Christologie Schleiermachers in seiner Reifezeit. Göttingen 1930 [Diss.]

STOCK, HANS: Friedrich Schlegel und Schleiermacher. Marburg 1930 [Diss.]

BARTHELHEIMER, WILHELM: Schleiermacher und die gegenwärtige Schleiermacher-Kritik. Jena 1931 [Diss.]

BRUNNER, ROBERT: Schleiermachers Lehre vom Gefühl schlechthiniger Abhängigkeit mit besonderer Berücksichtigung seiner theologischen Methode. Basel 1931 [Diss.]

FÖRSTER, ERICH: Der Organismusbegriff bei Kant und bei Schleiermacher und seine Anwendung auf den Staat. In: Zeitschrift für Theologie und Kirche N. F. 12 (1931), S. 407–421

HUNZINGER, WALTHER: Der Begriff des Gefühls und seine Wandlungen in Schleiermachers Religionsauffassung. Marburg 1931 [Diss.]

UNGERN-STERNBERG, A.: Freiheit und Wirklichkeit. Schleiermachers Reifeweg durch den deutschen Idealismus. Gotha 1931

SIEGFRIED, THEODOR: Kant und Schleiermacher. Gotha 1931 (Marburger theologische Studien. 3)

WOBBERMIN, GEORG: Gibt es eine Linie Luther-Schleiermacher?. In: Zeitschrift für Theologie und Kirche N. F. 12 (1931), S. 250–260

MELZER, FRISO: Christus in der Predigt Schleiermachers. In: Theologische Studien und Kritiken 104 (1932), S. 54–84

ODEBRECHT, RUDOLF: Schleiermachers System der Ästhetik. Berlin 1933

JURSCH, HANNA: Schleiermacher als Kirchenhistoriker: 1. Die Problemlage und die geschichtstheoretischen Grundlagen der Schleiermacherschen Kirchengeschichte. Jena 1933 [Diss.]

KATTENBUSCH, FERDINAND: Schleiermachers Größe und Schranke. In: Theologische Studien und Kritiken 105 (1933), S. 365–386

STEPHAN, HORST: Schleiermachers politische Ethik als Spiegel seines Denkens. In: Zeitschrift für Theologie und Kirche 1933, S. 320 f

TRILLHAAS, WOLFGANG: Schleiermachers Predigt und das homiletische Problem. Leipzig 1933

WOBBERMIN, GEORG: Methodenfragen der heutigen Schleiermacher-Forschung. In: Nachrichten von der Gesellschaft der Wissenschaften in Göttingen aus dem Jahre 1933, Philologisch-historische Klasse, S. 30–52

HAMMER, ANTON: Die erkenntnistheoretische Bedeutung des gefühlsmäßigen Erfassens bei Schleiermacher. Freiburg i. B. 1935 [Diss.]

HEINZELMANN, GERHARD: Schleiermachers Lehre von der Kirche. Halle 1934 (Hallesche Universitätsreden. 61)

HERMANN, RUDOLF: Die Bedeutung der Kirche bei Schleiermacher. Greifswald 1934 (Greifswalder Universitätsreden. 39)

MEISNER, HEINRICH: Schleiermachers Lehrjahre. Berlin 1934

OSBORN, ANDREW R.: Schleiermacher and religious education. Montreal 1934 [Diss.]

PERLE, JOHANNES: Individualität und Gemeinschaft im Denken des jungen Schleiermacher. Königsberg 1935 [Diss.]

WISSMANN, ERWIN: Religionspädagogik bei Schleiermacher. Gießen 1934

STEPHAN, HORST: Schleiermacher als Denker. In: Neues Jahrbuch für Wissenschaft und Jugendbildung 1934, S. 193–210

REBLE, ALBERT: Schleiermachers Kulturphilosophie. Mit Geleitwort von THEODOR LITT. Leipzig 1935 [Diss.]

SCHULTZ, WERNER: Das Verhältnis von Ich und Wirklichkeit in der religiösen Anthropologie Schleiermachers. Göttingen 1935

HEINZE, RUDOLF: Die Kulturauffassung Schleiermachers. Leipzig 1934 [Diss.]

GERMER, HANFRIED: Das Problem der Absolutheit des Christentums bei Herder und Schleiermacher. Marburg 1935 [Diss.]

GRAEBER, MARTIN: Die Sakramentstheorie Schleiermachers und ihre Weiterbildung innerhalb der kritischen Theologie des 19. Jahrhunderts. Bonn 1937 [Diss.]

SCHULTZ, WERNER: Die Grundprinzipien der Religionsphilosophie Hegels und der Theologie Schleiermachers. Ein Vergleich. Berlin 1937

BRANDT, RICHARD B.: The philosophy of Schleiermacher. New York 1941

ZUMPE, GÜNTHER: Die Gottesanschauung Schleiermachers und die Pantheismusfrage. Berlin 1942 [Diss.]

BARTH, KARL: Die protestantische Theologie im 19. Jahrhundert. 1947

FLÜCKIGER, FELIX: Philosophie und Theologie bei Schleiermacher. Basel 1947 [Diss.]

KIMME, AUGUST: Die Begründung der christlichen Sittlichkeit beim jungen Schleiermacher und in der Glaubenslehre. Leipzig 1949 [Diss.]

FISCHER, MARTIN: Die notwendige Beziehung aller Theologie auf die Kirche in ihrer Bedeutung für die praktische Theologie bei Schleiermacher. In: Theologische Literaturzeitung 75 (1950), S. 287–300

IWAND, HANS JOACHIM: Schleiermacher als Ethiker. In: Evangelische Theologie, Jg. 11 (1951/52), S. 49–64

REBLE, ALBERT: Schleiermacher und das Problem einer Grundlegung der Pädagogik. In: Bildung und Erziehung, Jhrg. 4 (1951), H. 11

HAUSWALDT, JOHANN ULRICH: Schleiermachers Güterlehre und die Wertphilosophie. Mainz 1953 [Diss.]

KRAPF, GUSTAV-ADOLF: Platonic dialectic and Schleiermacher's thought: An essay towards the reinterpretation of Schleiermacher. Yale 1953 [Diss.]

SCHULTZ, WERNER: Die Grundlagen der Hermeneutik Schleiermachers, ihre Auswirkungen und ihre Grenzen. In: Zeitschrift für Theologie und Kirche 50 (1953), S. 158–184

POHL, KARL: Studien zur Dialektik Friedrich Schleiermachers. Mainz 1954 [Diss.]

POHL, KARL: Die Bedeutung der Sprache für den Erkenntnisakt in der Dialektik Friedrich Schleiermachers. In: Kantstudien 46 (1954/55), S. 302–332

ROTHERT, HANS JOACHIM: Die Endlichkeit des Menschen bei Friedrich Schleiermacher. Tübingen 1954 [Diss.]

PÄLTZ, EBERHARD: F. C. Baurs Verhältnis zu Schleiermacher. Jena 1955 [Diss.]

HUBER, MAX: Jesus Christus als Erlöser in der liberalen Theologie. Winterthur und Zürich 1956

SCHULTZ, WERNER: Schleiermachers Theorie des Gefühls und ihre theologische Bedeutung. In: Zeitschrift für Theologie und Kirche 53 (1956), S. 75–103

SENFT, CHRISTOPH: Wahrhaftigkeit und Wahrheit. Die Theologie des 19. Jahrhunderts zwischen Orthodoxie und Aufklärung. Tübingen 1956

KIMMERLE, HEINZ: Die Hermeneutik Schleiermachers im Zusammenhang seines spekulativen Denkens. Heidelberg 1957 [Diss.]

LIEBING, HEINZ: Ferdinand Christian Baurs Kritik an Schleiermachers Glaubenslehre. In: Zeitschrift für Theologie und Kirche 54 (1957), S. 225–243

SCHULTZ, WERNER: Schleiermacher und der Protestantismus. Hamburg-Bergstedt 1957

HOPPE, JOACHIM: Der Anteil und Beitrag der Kirche an der Erziehung im Denken Schleiermachers, kritisch dargestellt. Heidelberg 1958 [Diss.]

SAMSON, HOLGER: Die Kirche als Grundbegriff der theologischen Ethik Schleiermachers. Zollikon-Zürich 1958 [Diss.]

BECKMANN, KLAUS-MARTIN: Der Begriff der Häresie bei Schleiermacher. Bonn 1959 [Diss.]

ECKEY, WILFRIED: Der christliche Glaube und die Bildung bei Friedrich Schleiermacher. Münster 1959 [Diss.]

FALCKE, HEINO: Die Gesellschaftslehre Schleiermachers. Rostock 1959 [Diss.]

JOERGENSEN, POUL HENNING: Die Ethik Schleiermachers. München 1959

KEIL, SIEGFRIED: Die Anthropologie Friedrich Schleiermachers und Rudolf Bultmanns. Kiel 1959 [Diss.]

KIMMERLE, HEINZ: Das Verhältnis Schleiermachers zum transzendentalen Idealismus. In: Kant-Studien 51 (1959/60), S. 410–426

SCHULTZ, WERNER: Schleiermachers Deutung der Religionsgeschichte. In: Zeitschrift für Theologie und Kirche N. F. 56 (1959), S. 55–82

GERDES, HAYO: Das Christusbild Sören Kierkegaards, verglichen mit der Christologie Hegels und Schleiermachers. Düsseldorf-Köln 1960

NIEBUHR, RICHARD R.: Schleiermacher on language and feeling. In: Theology today 17 (1960), S. 150–167

NIPKOW, KARL-ERNST: Die Individualität als pädagogisches Problem bei Pestalozzi, Humboldt und Schleiermacher. Marburg 1959 [Diss.]

SEIFERT, PAUL: Die Theologie des jungen Schleiermacher. Gütersloh 1960

BÁRCZAY, GYULA: Ecclesia semper reformanda. Eine Untersuchung zum Kirchenbegriff des 19. Jahrhunderts. Zollikon-Zürich 1961

HERMANN, RUDOLF: Schleiermacher in RGG. 3. Aufl. Bd. 5. 1961. S. 1422–1435

MEHL, PAUL FREDERICK: Schleiermacher's mature Doctrine of God as found in the Dialektik of 1822 and the second Edition of the Christian Faith (1830–1831). New York 1961 [Diss.]

Spiegler, Gerhard Ernst: Between relativity and absolutism: A study of problematic dimensions in the Dialektik and Dogmatik of Friedrich Schleiermacher. Chicago 1961 [Diss.]

Sponheim, Paul Ronald: The christological formulations of Schleiermacher and Kierkegaard in relation to fundamental options in divergent strands in their discussions of God and Man. Chicago 1961 [Diss.]

Tice, Terrence N.: Schleiermacher's theological method. Princeton 1961 [Diss.]

Walther, Christian: Typen des Reich-Gottes-Verständnisses. München 1961

Kimmerle, Heinz: Hermeneutische Theorie oder ontologische Hermeneutik. In: Zeitschrift für Theologie und Kirche 59 (1952), S. 114–130

Schultz, Werner: Die Idee des Spiels und die Idee der Menschheit in der Theologie Schleiermachers. In: Neue Zeitschrift für systematische Theologie 4 (1962), S. 340–372

Albrecht, Christoph: Schleiermachers Liturgik. Göttingen 1963

Birkner, Hans Joachim: Beobachtungen zu Schleiermachers Programm der Dogmatik. In: Neue Zeitschrift für systematische Theologie 5 (1963), S. 119–131

Fischer, Hermann: Subjektivität und Sünde. Kierkegaards Begriff der Sünde mit ständiger Rücksicht auf Schleiermachers Lehre von der Sünde. Göttingen 1960 [Diss.]

Kantzenbach, Friedrich Wilhelm: Vom Lebensgedanken zum Entwicklungsdenken in der Theologie der Neuzeit. In: Zeitschrift für Religions- und Geistesgeschichte 15 (1963), S. 55–86

Keller-Hüschemenger, Max: Das Problem der Heilsgewißheit in der Erlanger Theologie im 19. und 20. Jahrhundert. Berlin 1963

Nelson, James David: Herrnhut: Friedrich Schleiermacher's Homeland. Chicago 1963 [Diss.]

Schott, Erdmann: Erwägungen zu Schleiermachers Programm einer philosophischen Theologie. In: Theologische Literaturzeitung 88 (1963), S. 321–336

Birkner, Hans Joachim: Schleiermachers christliche Sittenlehre im Zusammenhang seines philosophisch-theologischen Systems. Göttingen 1962 [Habilitationsschrift]

Garczyk, Eckhard: Mensch, Gesellschaft, Geschichte: F. D. E. Schleiermachers philosophische Soziologie. München 1964 [Diss.]

Kantzenbach, Friedrich Wilhelm: Ein Herrnhuter höherer Ordnung. In: Mosaik, Zeitschrift aus dem Missions- und Diasporaseminar Neuendettelsau, Folge 4 (1964), S. 15–19

Long, Herbert D.: Self-Identity and Human Vocation: A study of the major theological themes in Friedrich Schleiermacher's Christian Faith with particular attention to the significance of the doctrine of election for the identity of selves and their vocation. Harvard 1964 [Diss.]

Niebuhr, Richard R.: Schleiermacher on christ and religion: A new introduction. New York 1964

Peiter, Hermann: Motiv oder Effekt: Schleiermachers Ethik als Lehre vom sittlichen Sein statt vom sittlichen Sollen unter besonderer Berücksichtigung seiner im Gegensatz zu Kant aufgebauten Lehre vom höchsten Gut. Berlin 1964 [Diss.]

HERTEL, FRIEDRICH: Das theologische Denken Schleiermachers untersucht an der ersten Auflage seiner Reden «Über die Religion». Zürich 1963 [Diss.]

WALLHAUSSER, JOHN: Schleiermacher's early development as ethical thinker. Yale 1965 [Diss.]

WELKER, KLAUS EBERHARD: Die grundsätzliche Beurteilung der Religionsgeschichte durch Schleiermacher. Leiden 1965

OFFERMANN, DORIS: Schleiermachers Einleitung in die Glaubenslehre. Eine Untersuchung der «Lehrsätze». Berlin 1969

QUAPP, ERWIN H. U.: Christus im Leben Schleiermachers. Vom Herrnhuter zum Spinozisten. Göttingen 1972

SOMMER, WOLFGANG: Schleiermacher und Novalis. Die Christologie des jungen Schleiermacher und ihre Beziehung zum Christusbild des Novalis. Bern–Frankfurt a. M. 1973

HERMS, EILERT: Herkunft, Entfaltung und erste Gestalt des Systems der Wissenschaften bei Schleiermacher. Gütersloh 1973

WEBER, FRITZ: Schleiermachers Wissenschaftsbegriff. Gütersloh 1973

8. Wichtige Werke, die Schleiermacher im theologiegeschichtlichen Zusammenhang würdigen

KÄHLER, MARTIN: Geschichte der protestantischen Dogmatik im 19. Jahrhundert. Hg. von E. KÄHLER. 1962

LÜTGERT, WILHELM: Die Religion des deutschen Idealismus und ihr Ende. 4 Bde. Gütersloh 1923–1930

STEPHAN, HORST, und MARTIN SCHMIDT: Geschichte der deutschen evangelischen Theologie seit dem deutschen Idealismus. 2. Aufl 1960

BARTH, KARL: Die protestantische Theologie im 19. Jahrhundert. 2. Aufl. 1952

HIRSCH, EMANUEL: Geschichte der neuern evangelischen Theologie im Zusammenhang mit den allgemeinen Bewegungen des europäischen Denkens. Gütersloh 1949–1954 [Bd. 1, Kap. 12; Bd. 4, Kap. 46; Bd. 5, Kap. 47, 49, 51–52.]

Tice, Terrence N.: Schleiermacher Bibliography. With Brief Introductions, Annotations, and Index, Princeton Theological Seminary Princeton. New Jersey 1966 (Princeton Pamphlets, Nr. 12)

Werke

Spätere Auflagen und Nachdrucke liegen inzwischen vor für «Aus Schleiermachers Leben in Briefen», 4 Bände (Nachdr. von 1860/1863), Berlin 1974; «Dialektik» (Nachdr. von 1942), Darmstadt 1976; «Ästhetik» (Nachdr. von 1942), Berlin 1974; «Hermeneutik», hg. von H. Kimmerle. 2. verb. u. erw. Auflage 1974 (Abh. der Heidelb. Akademie der Wissensch.)

Auswahlausgaben

Schleiermacher, Kleine Schriften und Predigten. Hg. von Hayo Gerdes und Emanuel Hirsch. 3 Bände. Berlin 1969/70
Schleiermacher Auswahl. Hg. von H. Bolli, mit einem Nachwort von Karl Barth. 2. Aufl. Gütersloh 1980

In Vorbereitung

Friedrich Daniel Ernst Schleiermacher. Kritische Gesamtausgabe (in etwa 40 Bänden). Hg. von Hans-Joachim Birkner und Gerhard Ebeling, Hermann Fischer, Heinz Kimmerle, Kurt-Victor Selge, 1980 ff. Davon erschien eine kritische Ausgabe der «Glaubenslehre» 1821/22: «Der christliche Glaube nach den Grundsätzen der evangelischen Kirche im Zusammenhange dargestellt», Teilband 1. Hg. von Hermann Peiter. Berlin–New York 1980

Untersuchungen

Spiegel, Yorick: Theologie der bürgerlichen Gesellschaft. Sozialphilosophie und Glaubenslehre bei Friedrich Schleiermacher. München 1968 (Forsch. z. Gesch. u. Lehre d. Protest.)
Stalder, Robert: Grundlinien der Theologie Schleiermachers. Wiesbaden 1969
Stiewe, Martin: Das Unionsverständnis Schleiermachers. Der Protestantismus als Konfession in der Glaubenslehre, 1969 (Unio und Connfessio, 4)
Beisser, Friedrich: Schleiermachers Lehre von Gott dargestellt nach seinen Reden und seiner Glaubenslehre. Göttingen 1970 (Forschungen zur syst. u. ökumen. Theologie, 22)

HENRICHS, NORBERT: Bibliographie der Hermeneutik und ihrer Anwendung seit Schleiermacher (2. unv. Aufl. d. Ausg. 1968). München 1972 (Kleine Philos. Bibliogr. 1)

GRASS, HANS: Schleiermacher-Literatur, Theologische Rundschau 38, 1973, S. 217–223

BIRKNER, HANS-JOACHIM: Theologie und Philosophie. Einführung in die Probleme der Schleiermacher-Interpretation. München 1974 (Theolog. Existenz heute, 178)

MAROLDO, JOHN C.: Der hermeneutische Zirkel. Untersuchungen zu Schleiermacher, Dilthey und Heidegger. Freiburg 1974 (Symposion 48)

WAGNER, FALK: Schleiermachers Dialektik, eine kritische Interpretation. Gütersloh 1974

EBELING, GERHARD: Beobachtungen zu Schleiermachers Wirklichkeitsverständnis, in G. Ebeling «Wort und Glaube», 3. Bd. Tübingen 1975. S. 96–115

EBELING, GERHARD: Schlechthinniges Abhängigkeitsgefühl als Gottesbewußtsein, in «Wort und Glaube», 3. Bd. Tübingen 1975. S. 116–136

LANGE, DIETZ: Historischer Jesus oder mythischer Christus, Untersuchungen zu dem Gegensatz zwischen F. Schleiermacher und D. F. Strauß. Gütersloh 1975

SCHELLONG, DIETER: Bürgertum und christliche Religion. Anpassungsprobleme der Theologie seit Schleiermacher. München 1975 (Theolog. Existenz heute, 187)

SCHURR, JOHANNES: Schleiermachers Theorie der Erziehung, Interpretationen zur Pädagogikvorlesung von 1826. Düsseldorf 1975

BIRKNER, HANS-JOACHIM: Schleiermacher-Interpretation heute. Der evangelische Erzieher, Zeitschrift für Pädagogik und Theologie, Heft 5, 1976, S. 322–330 (mit Beiträgen weiterer Autoren und Angaben zu Editionsproblemen)

HERMS, EILERT: Die Ethik des Wissens beim späten Schleiermacher, Zeitschrift für Theologie und Kirche 73, 1976, S. 471–523

MORETTO, GIOVANNI: Attualità di Schleiermacher, in «Cultura e scuola» n. 59, 1976, S. 103–132

TAKAMORI, AKIRA: Schleiermacher-Literatur in Japan, besonders in theologischer Sicht. Ein Bibliographischer Forschungsbericht, Nishinomiya/Japan 1976 (Kwansei Gakuin University Annual Studies, Vol. XXV, S. 1–8)

TROWITZSCH, MICHAEL: Zeit zur Ewigkeit. Beiträge zum Zeitverständnis in der «Glaubenslehre» Schleiermachers. München 1976 (Beiträge zur evang. Theologie, Bd. 75)

FALCKE, HEINO: Theologie und Philosophie der Evolution. Grundaspekte der Gesellschaftslehre Friedrich Schleiermachers. Zürich 1977 (Theolog. Studien, 120)

FRANK, MANFRED: Friedrich Schleiermacher, Hermeneutik und Kritik, mit einem Anhang sprachphilosophischer Texte Schleiermachers. Frankfurt a. M. 1977

FRANK, MANFRED: Das individuelle Allgemeine. Textstrukturierung und Interpretation nach Schleiermacher. Frankfurt a. M. 1977

Jorgensen, Theodor H.: Das religionsphilosophische Offenbarungsverständnis des späteren Schleiermacher. Tübingen 1977 (Beitr. zur histor. Theologie, 53)

Peiter, Hermann: Theologische Ideologiekritik. Die praktischen Konsequenzen der Rechtfertigungslehre bei Schleiermacher. Göttingen 1977 (Studien zur Theologie und Geistesgesch. des 19. Jhdts., 24)

Radler, Alexander: Religion und kirchliche Wirklichkeit. Eine rezeptionsgeschichtliche Untersuchung des Schleiermacherbildes in der schwedischen Theologie. Heerup 1977

Weymann, Volker: Glaube als Lebensvollzug und der Lebensbezug des Denkens. Eine Untersuchung zur Glaubenslehre Friedrich Schleiermachers. Göttingen 1977 (Studien zur Theologie und Geistesgeschichte, 25)

Barth, Karl: Die Theologie Schleiermachers. Vorlesung Göttingen 1923/24, hg. von D. Ritschl, Karl Barth-Gesamtausgabe II, Bd. 11. Zürich 1978

Graf, Friedrich Wilhelm: Ursprüngliches Gefühl unmittelbarer Koinzidenz des Differenten. Zeitschrift für Theol. u. Kirche 75, 1978, S. 147–186

Kantzenbach, Friedrich Wilhelm: Programme der Theologie. Denker, Schulen, Wirkungen von Schleiermacher bis Moltmann. 3. Auflage München 1984

Avis, P. D. L.: Friedrich Schleiermacher and the Science of Theology, Scottish Journal of Theolog. 32, 1979, S. 19–43

Lessing, Eckhard: Zu Schleiermachers Verständnis der Trinitätslehre, Zeitschrift für Theologie und Kirche 76, 1979, S. 450–488

Moretto, Giovanni: Etica e storia in Schleiermacher. Napoli 1979

Reuter, Hans-Richard: Die Einheit der Dialektik Friedrich Schleiermachers. Eine systematische Interpretation. München 1979 (Beitr. zur evangelischen Theologie, Bd. 83)

Sorrentino, Sergio: Schleiermacher e la filosofia della religione. Brescia 1978

Gräb, Wilhelm: Humanität und Christentumsgeschichte. Eine Untersuchung zum Geschichtsbegriff im Spätwerk Schleiermachers. Göttingen 1980 (Göttinger Theolog. Arbeiten, Bd. 14)

Preuss, Horst Dietrich: Vom Verlust des Alten Testaments und seinen Folgen (dargestellt an Hand der Theologie und Predigt F. D. Schleiermachers), in Joachim Track (Hg.): Lebendiger Umgang mit Schrift und Bekenntnis. Stuttgart 1980. S. 127–161

Trowitzsch, Michael: Einkehr ins Unendliche. Individualität und Unsterblichkeit beim jungen Schleiermacher. Zeitschr. für Theologie und Kirche 77, 1980, S. 412–434

Nachträge zur Bibliographie (Stand Herbst 1984)
Forschungsbericht und Ausstellung anläßlich des 150. Todestages

Gestrich, Christoph: Interesse am Werk Schleiermachers. Bericht vom Internationalen Schleiermacher-Kongreß in Berlin (West) vom 7. bis 10. März 1984, in Berliner Theolog. Zeitschrift 1. Jg. Heft 2, 1984, S. 357–363

Arndt, Andreas und Virmond, Wolfgang (Bearbeiter): Friedrich Schleiermacher zum 150. Todestag, Handschriften und Drucke, Berlin 1984

Gesamtausgabe

Schleiermacher Krit. Gesamtausgabe, Schriften und Entwürfe Band 1, Jugendschriften 1787–1796, 1984, hg. von GÜNTER MECKENSTOCK

Der christliche Glaube nach den Grundsätzen der evangelischen Kirche im Zusammenhange dargestellt (1821/22), hg. von HERMANN PEITER 1980, Bd. 7, Teilb. 1 u. 2

Teilbd. 3 von Band 7: Der christl. Glaube nach den Grundsätzen der evangelischen Kirche im Zusammenhange dargestellt (1821/22), Marginalien und Anhang, Vorwort und Hg. U. Barth, bearbeitet von H. GERDES und H. PEITER, 1984 (weitere Lit.!)

Die praktische Theologie nach den Grundsätzen der evangel. Kirche im Zusammenhang dargestellt. Aus Schleiermachers handschriftlichem Nachlasse und nachgeschriebenen Vorlesungen, Literar. Nachlaß 8. Bd., Sämtl. Werke I. Abt. Bd. 13, hg. von Jacob Frerichs (Unv. fotomechan. Nachdruck von 1950), 1983

Einzelne Werk-Ausgaben außerhalb der Ges. Werke

On the Glaubenslehre. Two letters to Dr. Lücke, Translated by James Duke and Francis Fiorenza, American Academy of Religion, Texts and translations series, Nr. 3 (edited by J. A. Massey), Scholars Press 1981

Brouillon zur Ethik (1805/06). Auf der Grundlage der Ausgabe von Otto Braun, hg. von H.-J. BIRKNER, Hamburg 1981

Ethik (1805/13). Mit späteren Fassungen der Einleitung, Güterlehre und Pflichtenlehre. Auf der Grundlage der Ausgabe von O. Braun, hg. u. eingel. v. H.-J. BIRKNER, Hamburg 1981 (Philosophische Bibliothek 335)

Christliche Sittenlehre. Einleitung (Wintersemester 1826/27). Nach größtenteils unveröffentlichten Hörernachschriften hg. u. eingeleitet von HERMANN PEITER, Nachwort von Martin Honecker, Stuttgart, Berlin, Köln, Mainz 1983

Pädagogische Schriften I. Die Vorlesungen aus dem Jahre 1826, unter Mitwirkung von Theodor Schulze, hg. von ERICH WENIGER, Klett-Cotta im Ullstein Taschenbuch Nr. 39059, 1983

Briefe bei Gelegenheit der politisch theologischen Aufgabe und des Sendschreibens jüdischer Hausväter. Von einem Prediger *außerhalb* Berlin, Berlin 1799, Faksimile der Universitätsbibliothek Rostock, Hg. mit Nachwort von KURT NOWAK, Ev. V. A. Berlin 1984

BREYMAYER, REINHARD: Eine unbekannte Hörernachschrift von Friedrich Schleiermachers Vorlesung über die Christliche Sittenlehre (Winter-Semester 1828/1829), Linguistica Biblica, Interdisziplinäre Zeitschrift für Theologie und Linguistik 55, 1984, S. 61–74 (Lit.!)

Untersuchungen

QUAPP, ERWIN H. U.: Barth contra Schleiermacher? «Die Weihnachtsfeier» als Nagelprobe, Marburg 1978

TIMM, HERMANN: Die heilige Revolution. Das religiöse Totalitätskonzept der Frühromantik. Schleiermacher – Novalis – Friedrich Schlegel. Frankfurt a. M. 1978

SCHROFNER, ERICH: Theologie als positive Wissenschaft, Prinzipien und Methoden der Dogmatik bei Schleiermacher, Frankfurt/M., Bern 1980 (Theologie im Übergang, Bd. 6)

SCHOLTZ, GÜNTER: Schleiermachers Musikphilosophie, Göttingen 1981

BADER, GÜNTER: Sünde und Bewußtsein der Sünde. Zu Schleiermachers Lehre von der Sünde, Zeitschr. f. Theol. u. Kirche 79. Jg. 1982, H. 1, S. 60–79

BIRUS, HENDRIK (Hg.): Hermeneutische Positionen. Schleiermacher, Dilthey, Heidegger, Gadamer, Göttingen 1982

BLACKWELL, ALBERT L.: Schleiermacher's Early Philosophy of Life. Determinism, Freedom and Phantasy, Harvard Theol. Studies 33, Chico/California 1982

CHRIST, FRANZ: Menschlich von Gott reden. Das Problem des Anthropomorphismus bei Schleiermacher. Zürich–Köln/Gütersloh 1982 (Ökumen. Theol. Bd. 10)

BARTH, ULRICH: Christentum und Selbstbewußtsein. Versuch einer rationalen Rekonstruktion des systematischen Zusammenhanges von Schleiermachers subjektivitätstheoretischer Deutung der christlichen Religion, Göttingen 1983 (Göttinger Theolog. Arbeiten, Bd. 27)

ECKERT, MICHAEL: Das Verhältnis von Unendlichem und Endlichem in F. Schleiermachers Reden «Über die Religion», Archiv für Religionspsychologie, 16. Bd., Göttingen 1983, S. 22–56

GERDES, HAYO: Anmerkungen zur Christologie der Glaubenslehre Schleiermachers, N. Z. f. Syst. Theol. u. Rel.phil., 25. Bd. 1983, Heft 3, S. 112–125

TROWITZSCH, MICHAEL: Gott als «Gott für Dich». Eine Verabschiedung des Heilsegoismus (Beitr. z. evang. Theol. Bd. 92), München 1983, S. 39–79

KANTZENBACH, FRIEDRICH WILHELM und andere: Friedrich Schleiermacher, Wiederentdeckung eines Denkers, Botschaft und Dienst, Zeitschrift für Erwachsenenbildung 6, 1984, S. 3–44

KELLER-WENTORF, CHRISTEL: Schleiermachers Denken. Die Bewußtseinslehre in Schleiermachers philosophischer Ethik als Schlüssel zu seinem Denken, Theol. Bibl. Töpelmann Bd. 42, 1984 (wesentlich!)

WENZ, GÜNTHER: Geschichte der Versöhnungslehre in der evangelischen Theologie der Neuzeit, Bd. 1, München 1984, S. 345–395

NAMENREGISTER

Die kursiv gesetzten Zahlen bezeichnen die Abbildungen

QUELLENNACHWEIS DER ABBILDUNGEN

rowohlts bild-monographien

Jeder Band mit etwa 70 Abbildungen, Zeittafel, Bibliographie und Namenregister.

rororo rowohlts bild-monographien

Jeder Band mit etwa 70 Abbildungen, Zeittafel, Bibliographie und Namenregister.

rowohlts bild-monographien

ro ro ro

Jeder Band mit etwa 70 Abbildungen, Zeittafel, Bibliographie und Namenregister.

Betrifft: Philosophie

rowohlts bild-monographien

Jeder Band mit etwa 70 Abbildungen, Zeittafel, Bibliographie und Namenregister.